General Editor: **Leonard G. Sbrocchi**

Ped₂

1. **Leonard G. Sbrocchi,**
   (et leurs équivalents français, a.. .... Lngusn equivalents)
   1992. 2e édition, 2a edizione, 2nd edition

2. **Rodney Williamson,** *Los verbos españoles*
   (et leurs équivalents français, and their English equivalents)
   1999. 2e édition, 2a edición, 2nd edition

3. **Werner Bausenhart,** *Die deutschen Verben*
   (et leurs équivalents français, and their English equivalents)

4. **Cristina Souto Mourão,** *Os verbos portugueses*
   (et leurs équivalents français, and their English equivalents)

Rodney Williamson

LOS VERBOS ESPAÑOLES

et	and
leurs	their
équivalents	English
français	equivalents

2a edición aumentada y revisada
2e. édition remaniée et amplifiée
Revised and expanded 2nd edition

New York   Ottawa   Toronto

Canadian Cataloguing in Publication Data

Williamson, Rodney, 1948.
   Los verbos españoles: et leurs équivalents français = and their English equivalents

2e éd. = 2nd ed.
Includes bibliographical references and index.
ISBN 0-921252-58-7

   1. Spanish language — Verb — Dictionaries — Polyglot.
2. Spanish language— Verb — Tables.   I. Title.

PC4271.W54 1999   463'.1   C96-900717-5E

Données de catalogage avant publication (Canada)

Williamson, Rodney, 1948.
   Los verbos españoles: et leurs équivalents français = and their English equivalents

2e éd. = 2nd ed.
Comprend des références bibliographiques et un index.
ISBN 0-921252-58-7

   1. Espagnol (Langue) — Verbe —Dictionnaires polyglottes.
2. Epagnol (Langue) — Verbe — Tables.   I. Titre.

PC4271.W54 1999   463'.1   C96-900717-5F

For further information and for orders:

LEGAS

P. O. Box 040328	68 Kamloops Ave.	2908 Dufferin St.
Brooklyn, New York	Ottawa, Ontario	Toronto, Ontario
11204	K1N 8T9	M6B 3S8

Printed and bound in Canada

À Danielle

Agradecimientos
Remerciements   Acknowledgements

Quiero expresar mi reconocimiento por la ayuda que me prestó, en la elaboración de esta segunda edición, mi fiel amigo y colega Fernando de Diego.

Je voudrais exprimer ma reconnaissance à mon véritable ami et collègue Fernando de Diego pour son aide dans la préparation de cette deuxième édition.

I wish to express my thanks to my true friend and colleague Fernando de Diego for his help in the preparation of this second edition.

Indice

Table des matières   *Table of contents*

Prefacio a la segunda edición

En la segunda edición de *Los verbos españoles* intentamos remediar una serie de limitaciones de la primera. Esperamos ofrecerle ahora al lector un libro de consulta más completo que a la vez sea más fácil de utilizar. Se ha mejorado la presentación gráfica, y la introducción y el índice de verbos se presentan ahora en una versión revisada y aumentada. Se ha agregado una nueva sección sobre las preposiciones que normalmente se emplean con los verbos españoles. Algunas conjugaciones verbales se dan en forma más completa.

El formato trilingüe de la presente serie no es, por supuesto, del gusto de cada lector. Se puede objetar que existen pocas correspondencias exactas en el uso de los tiempos verbales incluso de lenguas tan parecidas como el francés, el inglés y el español. Antes que consolarnos con el hecho de que los libros de verbos que adoptan el clásico formato unilingüe simplemente esquivan el problema, hemos intentado delinear en la introducción un esbozo comparativo de los usos de los tiempos verbales en las tres lenguas. El lector no debe, sin embargo, perder de vista que la intención primordial de una obra como la presente es proporcionar una imagen estructurada de las *formas* verbales de las tres lenguas. Empleado con juicio y con tal perspectiva, confiamos que nuestro librito seguirá siendo una herramienta útil.

Préface à la deuxième edition

Dans la seconde édition de *Los verbos españoles* nous avons tenté de combler les lacunes de la première édition. Nous espérons pouvoir offrir au lecteur un livre de référence plus complet et plus facile á consulter. Nous avons amélioré la présentation visuelle, et l'introduction et le répertoire des verbes ont été révisés et augmentés. Une nouvelle section a été ajoutée qui décrit l'emploi normal des prépositions avec les verbes espagnols. Certaines conjugaisons sont présentées sous une forme plus complète.

Il est évident que le caractère trilingue de la présente série ne plaira pas nécessairement à tous les lecteurs. On poutrrait objecter qu'il y a peu de correspondances exactes dans l'emploi des temps verbaux de différentes langues, même lorsqu'il s'agit de langues aussi semblables que le français, l'anglais et l'espagnol. Au lieu de nous consoler du fait que les livres de verbes qui suivent le modèle classique unilingue ne proposent aucune solution à ce problème, nous avons tenté dans l'introduction de donner un bref résumé de l'utilisation des temps verbaux dans les trois langues. Toutefois, le lecteur ne doit pas perdre de vue que l'intention première de ce genre d'ouvrage est de proposer une perspective structurée sur les *formes* verbales dans les trois langues.

Employé de façon judicieuse et sous cet angle, nous espérons que ce petit livre continuera d'être un instrument utile.

Preface to the second edition

This second edition of *Los verbos españoles* attempts to remedy a number of limitations of the first edition. It will, hopefully, be a more complete reference source and at the same time be easier to use. The graphical presentation has been improved and the introduction and the verb index have been reworked and expanded. A new section has been added on prepositions commonly used with verbs. Some verb conjugations are presented more fully.

The trilingual format of this series will not, of course, necessarily please every reader. One might object that there are few exact correspondences in the use of verb tenses in different languages, even those as similar as French, English and Spanish. Rather than console ourselves with the fact that the standard unilingual verb books merely avoid this problem, we have attempted to give in the introduction a brief comparative outline of tense usage in the three languages concerned. However, the reader should not lose sight of the fact that the primary intention of a work of this kind is to afford a structured view of verb *forms* in the three languages. Used judiciously in this perspective, our little book will, we hope, continue to be a useful tool.

Rodney Williamson

Introducción

El propósito de este libro es proporcionarle al francohablante y/o al anglohablante una cómoda obra de consulta sobre los verbos españoles. Como los otros volúmenes de la serie, ofrece la ventaja particular de dar las formas verbales del español al lado de sus equivalencias en francés y en inglés. Por otra parte, se intenta presentar de manera sistemática y concisa las principales regularidades, irregularidades y modificaciones (fónicas, morfológicas y ortográficas) que se observan en los verbos españoles. Se identifican distintas clases de verbos, junto con los verbos de uso más frecuente que pertenecen a cada una. Por último, una lista de todos los verbos comunes del español contribuye a la eficacia del libro como instrumento de consulta.

Conjugaciones

El español, al igual que las otras lenguas románicas, hereda su sistema verbal del latín, pero a diferencia del francés no conservó las cuatro conjugaciones latinas. Las redujo a tres, marcadas por las desinencias infinitivas -AR, -ER e -IR. Sólo la primera en -AR sigue productiva, permitiendo la creación de verbos nuevos (como la de -er en francés).

Componentes de la forma verbal

Las formas verbales del español se componen de un **radical** y tres elementos flexionales (variables): una **vocal temática**, que indica la conjugación y el modo (indicativo o subjuntivo), un **indicador de tiempo y aspecto** (que especifica el tiempo pretérito, el imperfecto etc.), y un **indicador de persona y número** (primera, segunda y tercera personas del singular y del plural). Sin embargo, no todos estos elementos necesariamente están presentes de manera concreta en todas las formas verbales. Esto se ilustra en los ejemplos siguientes:

raíz	tema	tiempo/aspecto		persona/número
cant	á	ba		mos
cant	a	—>	stei	<—
com	(i)e	ra		s
com	-	-		o
com	e	-	-	
com	e	-		s

No pasará inadvertido que la llamada "tercera persona" no contiene en realidad ningún indicador de persona. Su calidad no marcada explica por qué se puede emplear en una variada gama de usos desde las llamadas construcciones "impersonales" hasta el pronombre *usted-ustedes,* que por su sentido se puede considerar como segunda persona.

Número de formas verbales

Una característica del verbo español que lo diferencia del francés y del inglés es la claridad distintiva de su vocal temática y de su indicador de persona y número: la alternación vocálica *a-e* permite diferenciar sistemáticamente las formas del presente de indicativo y de subjuntivo, oposición que el francés ha neutralizado en gran parte, excepto en los verbos irregulares; el indicador de persona y número hace innecesario el empleo de pronombres personales de sujeto en español, reservándose éstos para efectos de énfasis o de estilo (debido a lo cual no los incluimos en las conjugaciones verbales de la presente obra). De lo anterior se desprende que el español tiene un número elevado de formas distintas para cada verbo: entre cuarenta y cincuenta. El francés, en cambio, con el desgaste fonético, en la lengua hablada a veces no maneja sino la mitad de este número, y el verbo inglés normalmente sólo tiene cuatro o cinco formas distintas.

Organización del libro

Los verbos españoles están organizadas en este libro en cinco categorías principales: (1) verbos auxiliares, (2) verbos regulares, (3) verbos regulares con cambios ortográficos, (4) verbos con modificaciones vocálicas o refuerzos consonánticos en su raíz (semirregulares) y (5) verbos totalmente irregulares, que tienen más de una forma radical. Dentro de cada categoría se identifican clases de verbos con base en cada modificación específica. Después de los verbos irregulares, se dan listas de verbos defectivos (con indicación de las formas que todavía se emplean) y de verbos de doble participio y de participio irregular.

Verbos auxiliares

De los verbos auxiliares, *haber* es quizá el único que merece plenamente tal calificativo: tanto *ser* como *estar* pueden ser auxiliares o verbos principales, al igual que los auxiliares del francés y del inglés. *Ser* es el auxiliar de la voz pasiva: a partir de los tiempos activos de un determinado verbo se puede construir las formas pasivas equivalentes utilizando el tiempo correspondiente de *ser* y el participio del verbo en cuestión. En este caso el participio concuerda en género y número con el sujeto del verbo. Cabe mencionar, además, la construcción paralela de *estar* con el participio, que no tiene equivalencia en inglés ni en francés. Esta construcción designa no la acción del verbo en sí, sino el estado que resulta de la acción: contrástese, por ejemplo, "el puente *es* construido" con "el puente *está* construido". Por razones de economía no se incluyen estas construcciones en el presente libro.

Cambios ortográficos

Aunque son regulares, los verbos en -IAR y -UAR se pueden subdividir en dos grupos según la *i* o la *u* sea semiconsonante y no tenga posibilidad de acentuarse (*cambiar, fraguar*), o que se acentúe en las formas del presente (*enviar, actuar*). En lo que respecta a los cambios ortográficos, éstos se hacen para mantener constante la pronunciación de ciertas consonantes que de otra manera variarían de acuerdo con la vocal que las siguiera. De este modo los verbos en -CAR, para que se mantenga la pronunciación /k/ "dura" (velar), se escriben con *c* ante *a* u *o*, y *qu* ante *e*. De igual manera: los verbos en -ZAR tienen *z* ante *a* u *o*, y *c* ante *e;* los verbos en -GAR tienen *g* ante *a* u *o*, y *gu* ante *e;* los verbos en -GUAR tienen *gu* y *gü* ; y los verbos en -GER o -GIR tienen *j* ante *a* u *o*, y *g* ante *e* o *i*. Por último, los verbos cuyo radical termina en *ñ* o *ll* "absorben" la *i* de las desinencias (p.ej. en los gerundios *riñendo, tañendo, mullendo*).

Diptongos

Los verbos semirregulares evidencian la diptongación castellana en sílaba acentuada de las E y O abiertas del latín vulgar, además del cierre vocálico (*e ->i* , *o ->u*) y del "refuerzo" consonántico del radical. La diptongación en sílaba acentuada de *e* a *ie* como en *entender-entiendo* y de *o* a *ue* como en *mover-muevo* es un fenómeno más regular que irregular, debido al gran número de verbos que afecta. Sin embargo, para saber cuándo se produce o no la diptongación, resulta necesario conocer las formas latinas originarias. Uno de los verbos incluidos en esta clase, *jugar,* parece tener la particularidad de diptongar la *u*, pero debe tenerse en cuenta que su forma antigua era *jogar*. Otro cambio, el cierre vocálico, se limita a verbos en -IR que se conjugan como *pedir*.

Refuerzo consonántico

En algunos verbos se "refuerza" el radical mediante la adición de una consonante velar (que se escribe *c* o *g*) o de la consonante palatal *y,* a formas del presente de indicativo y de subjuntivo. El tipo más común lo constituyen los verbos que tienen *-go* en la primer persona del singular de indicativo, y formas subjuntivas en *-ga, -gas, ga* etc. Debe advertirse, sin embargo, que la mayoría de estos verbos también tienen otras irregularidades, por lo cual se incluyen en la sección de los verbos totalmente irregulares. Dos de los verbos en *-go* que sí se incluyen entre los semirregulares, *oír* y *caer,* muestran otra modificación que es en realidad perfectamente regular: por una regla general del español, la *i* no acentuada que se sitúa entre dos vocales se convierte en la consonante *y* (p.ej. el gerundio de *caer,* formado de *ca-* e *-iendo,* es *cayendo*). En segundo lugar, los verbos que terminan en -ECER y -UCIR añaden una

/k/ "dura" (velar) (escrita como *c*) a la sibilante "suave" del radical, cambiando la forma ortográfica de ésta de *c* a *z* (*parec-er -> parez-co*). De nuevo esta irregularidad se extiende a las formas del presente de subjuntivo. En tercer lugar, los verbos en -UIR añaden *y* a las formas del presente (*construyo, construyes* etc.), además de aplicar la regla de *i* -> *y*.

Verbos irregulares

Los verbos verdaderamente irregulares del español son aquellos que tienen más de un radical, sea como resultado de la creación de un radical pretérito especial (*andar-anduve*) o por la combinación de raíces de verbos diferentes (*ir-va-fui*). Las contracciones o formas sincopadas del futuro, del condicional o potencial, y de la forma imperativa de *tú* también producen irregularidades. En las formas del futuro y del potencial, el radical del infinitivo puede perder una vocal y en algunos casos una consonante contigua (*hacer-haré, decir-diré*). Donde *n* o *l* entran en contacto con *r* por efecto de tales contracciones, se interpone una *d* para evitar la formación de grupos consonánticos imposibles para el español (*tener-tendré, salir-saldré*). Por último, como ya se mencionó, los verbos con participios irregulares figuran en una lista aparte.

Contrastes entre las lenguas en el empleo de los tiempos verbales

A pesar de las equivalencias que en este libro señalamos entre las formas verbales del español, del francés y del inglés, el uso y los valores de los tiempos verbales varían de una lengua a otra, y de un contexto discursivo a otro. Sería imposible indicar aquí todas las diferencias que evidencian las tres lenguas en el empleo de los tiempos, pero a manera de resumen mencionaremos las siguientes:

TIEMPO PRESENTE:

Éste es el tiempo básico no marcado que se emplea con toda una gama de valores temporales, uno de los cuales es el **futuro inmediato:**

> Juan **sale** ahora
> Jean **sort** maintenant.
> John *is leaving* now.

> Te **presto** mi coche mañana.
> Demain je te **prête** ma voiture.
> *I'll lend* you my car tomorrow.

En vez del presente simple del español y del francés, el inglés recurre al presente progresivo o al futuro. Sólo en una secuencia preplaneada de eventos, independiente del tiempo y de las intenciones individuales del hablante, puede emplearse el presente simple en inglés:

> I **leave** for Paris tomorrow at 7.30. I **attend** the trade
> show from the 21st to the 24th, then I **visit** my brother
> in Perpignan, after which I **take** the train to London
> and I **fly** back from there.

TIEMPOS DEL PASADO:

El tiempo normal del pasado en francés es el "passé composé" (*avoir/être* + participio: *j'ai chanté*), en tanto que el pasado simple (pretérito) se emplea casi exclusivamente en el lenguaje escrito. La forma más frecuente del español, en cambio, es el pretérito simple (pretérito indefinido: *canté*). La diferencia entre *canté* y *he cantado* no es una simple cuestión de estilo (como es el caso de los dos tiempos en francés) sino de sentido. *Canté* se aplica a un suceso totalmente terminado en el pasado, mientras que *he cantado* designa un evento iniciado en el pasado que se prolonga hasta el momento presente. El uso de España difiere, sin embargo, del de Latinoamérica por aplicar el tiempo compuesto a veces a eventos totalmente terminados en un pasado reciente:

> Esta mañana **he ido** de compras al centro y **he visto** un
> par de zapatos que me encanta. (uso de España)

Sólo en los valores del tiempo imperfecto *cantaba/ je chantais* el español y el francés coinciden totalmente, en tanto que el inglés tiene que recurrir, para tales valores, a formas modales y perifrásticas:

> Cantaba en el coro— Il chantait dans le choeur — He **was**
> **singing/ used to sing/ would sing** in the choir.

TIEMPOS DEL FUTURO:

En español se emplea, junto con el tiempo futuro simple, la forma perifrástica *ir a* + infinitivo, de la misma manera que *aller* + infinitivo se utiliza en francés. La forma perifrástica es mucho más frecuente que la simple en el habla y se aplica generalmente a eventos inmediatos, en tanto que el futuro simple designa un tiempo más remoto, o bien matices de obligación o determinación:

> Primero **escribirás** esta carta, luego le **llevarás** nuestro
> informe al jefe…
>
> ¡No **pasarán**!

En inglés se emplea el verbo modal **will** (abreviado en el habla a **'ll**) y **going to** (**gonna** en el habla coloquial). El primero designa simplemente el tiempo futuro, en tanto que el segundo sirve para expresar matices de determinación:

I**'m gonna** see Paris even if it kills me.

En español también se emplea el futuro simple (y el tiempo condicional) para expresar un concepto de probabilidad:

— ¿Qué horas son?
— No sé, no tengo reloj, pero **serán** más o menos las ocho.

TIEMPO CONDICIONAL:

Aunque el francés y el español coinciden en su empleo del tiempo condicional, cabe notar que en las oraciones condicionales (con *si*) que son irreales o hipotéticas, el tiempo empleado en la prótasis (oración subordinada con *si*) es el imperfecto del subjuntivo en español, en tanto que en francés se emplea el imperfecto del indicativo:

Si **tuviera** dinero, compraría un coche.
Si j'**avais** de l'argent, j'achèterais une voiture.

SUBJUNTIVO:

Aunque el español ha perdido los antiguos tiempos del futuro del subjuntivo (sólo subsisten sus formas en algunos estilos y dialectos), todavía mantiene un sistema funcional de cuatro tiempos:

cante — cantara/ cantase — haya cantado — hubiera cantado.

El francés, en cambio, normalmente sólo emplea dos (*que je chante — que j'aie chanté*). El subjuntivo se emplea sistemáticamente en español para indicar valores no afirmados como hechos, antecedentes indefinidos y la expresión del tiempo futuro en oraciones subordinadas. El empleo del subjuntivo en francés refleja tendencias más bien léxicas. y en inglés el subjuntivo ha desaparecido, subsistiendo sólo algunas formas del verbo *to be* en locuciones fijas (p.ej. *if I were you*).

Introduction

Ce livre de verbes est un ouvrage de référence destiné à l'usage de francophones et/ou d'anglophones. Tout comme les autres volumes de la série, il possède la caractéristique particulière de donner côte-à-côte les formes du verbe espagnol et leurs équivalents en français et anglais. Un objectif supplémentaire du livre est de présenter, d'une façon concise et systématique, les principales régularités, irrégularités et modifications (phoniques, morphologiques et orthographiques) qui affectent les verbes espagnols. Les différentes classes de verbes sont identifiées, ainsi que les verbes les plus communs appartenant à chaque classe. Finalement, un index alphabétique de tous les verbes communs de l'espagnol contribue à l'efficacité du livre en tant qu'outil de réference.

Conjugaisons

L'espagnol, comme les autres langues romanes, possède un système verbal hérité du latin. Cependant, à la différence du français, elle n'a pas conservé les quatre conjugaisons latines: celles-ci sont réduites à trois, marquées par les terminaisons infinitives -AR, -ER et -IR. Seule la première en -AR est encore productive, permettant la création de nouveaux verbes (comme la conjugaison en *-er* en français).

Parties de la forme verbale

Les formes du verbe en espagnol sont composés d'un **radical** et de trois désinences: une **voyelle thématique** qui indique la conjugaison et le mode (indicatif ou subjonctif), une **marque de temps et aspect** (qui indique le passé simple, l'imparfait etc.) et finalement une **marque de personne et nombre** (les première, deuxième et troisième personnes au singulier, ainsi qu'au pluriel). Il n'est pas nécessaire, cependant, que tous ces éléments apparaissent dans toutes les formes verbales, comme on voit dans les exemples suivants:

raíz	tema	tiempo/aspecto		persona/número
cant	á	ba	mos	
cant	a	—>	steis	<—
com	(i)e	ra		s
com	-	-		o
com	e	-		-
com	e	-		s

On remarquera que la forme dite de "troisième personne" ne porte en vérité aucune marque de personne. Son statut non marqué explique comment elle peut être utilisée en espagnol aussi bien dans les constructions dites "impersonnelles" qu'avec le pronom *usted-ustedes*, lequel par son sens est perçu normalement comme une deuxième personne.

Nombre de formes verbales

Une caractéristique particulière de l'espagnol, par rapport au français et à l'anglais, est la clarté distinctive des marques de conjugaison et mode et de personne et nombre: l'alternance des voyelles *a-e* permet la différenciation systématique des formes indicatives et subjonctives au présent, différence largement neutralisé en français, sauf dans les verbes irréguliers; la marque de personne et nombre permet aux verbes espagnols de fonctionner sans pronoms-sujet, resérvant ceux-ci pour des effets emphatiques ou stylistiques (ils sont donc omis des conjugaisons de ce livre). L'espagnol possède un nombre élevé de formes distinctes pour chaque verbe: entre quarante et cinquante. Le français parlé, par contre, sujet aux effets de l'érosion phonétique, n'en connaît parfois qu'une vingtaine dans la langue parlée, et l'anglais ne possède que quatre ou cinq formes distinctes par verbe.

Organisation de ce livre

Dans ce livre, les verbes espagnols sont divisés en cinq catégories principales: (1) les auxiliaires, (2) les verbes réguliers, (3) les verbes avec des modifications orthographiques, (4) les verbes avec des modifications vocaliques ou un renforcement consonantique dans leur racine (semi-réguliers) et (5) les verbes totalement irréguliers qui ont plus d'une forme radicale. À l'interieur de chaque catégorie, des classes de verbe sont indiquées pour chaque modification spécifique. Après les irréguliers on trouvera une liste de verbes défectifs (indiquant les formes qui subsistent encore), ainsi que des listes de participes passés doubles et irréguliers.

Verbes auxiliaires

Parmi les auxiliaires, *haber* est peut-être le seul qui mérite vraiment ce qualificatif: *ser* et *estar* peuvent fonctionner soit comme auxiliaires, soit comme verbes principaux, de la même façon que les auxiliaires en français et en anglais. *Ser* est l'auxiliaire de la voix passive: à partir des temps actifs du verbe, on peut construire les formes passives correspondantes en utilisant le temps pertinent de *ser* et le participe passé du verbe en question. Le participe passé s'accorde alors en genre et en nombre avec le sujet du verbe. Il convient de noter qu'il existe une construction parallèle de *estar* avec le participe passé, qui n'a pas d'équivalent en français et en anglais. Cette construction désigne, non pas l'action du verbe, mais l'état qui en résulte: "el puente *es* construido" signifie, par exemple, que le pont est en train d'être construit, tandis que "el puente *está* construido" signifie que le pont est déjà construit. Pour des raisons d'économie, ces constructions ne figurent pas dans les conjugaisons de ce livre.

Changements orthographiques

Bien qu'ils soient réguliers, les verbes en -IAR et -UAR peuvent être classées en deux groupes, selon que le *i* ou le *u* est une semi-voyelle et reste donc inaccentué (*cambiar, fraguar*), ou qu'il porte l'accent dans certaines formes du présent (*enviar, actuar*). En ce qui concerne les modifications orthographiques, celles-ci s'appliquent aux verbes afin de conserver une prononciation uniforme de certaines consonnes qui autrement changerait selon la voyelle qui suit. Ainsi, dans les verbes en -CAR, pour maintenir la prononciation du /k/ "dur" (vélaire) on écrit *c* devant *a* ou *o*, et *qu* devant *e*. Également: les verbes en -ZAR ont un *z* devant un *a* ou un *o*, et un *c* devant un *e;* les verbes en -GAR ont un *g* devant un *a* ou un *o*, et *gu* devant un *e;* les verbes en -GUAR ont *gu* et *gü;* et les verbes en -GER ou -GIR ont un *j* devant un *a* ou un *o*, et un *g* devant un *e* ou un *i*. En dernier lieu, les verbes dont le radical se termine par *ñ* ou *ll* "absorbent" le *i* de certaines terminaisons (p.ex. *riñendo, tañendo, mullendo*).

Diphtongues

Les verbes semi-réguliers mettent en évidence plusieurs processus, dont la diphtongaison castillane du E et du O ouverts du latin vulgaire dans les syllabes accentuées, la fermeture vocalique (*e ->i* , *o ->u*) et le renforcement consonantique du radical. Une diphtongaison du *e* à *ie* tel que dans *entender-entiendo* ou du *o* à *ue* tel que dans *mover-muevo,* est dans un certain sens un phénomène plutót régulier en raison du nombre important des verbes impliqués. Cependant, il est necessaire de connaître les formes originales du latin afin d'être pleinement capable de prédire où la diphtongaison aura lieu. Un des verbes de cette catégorie, *jugar,* présente actuellement une diphtongaison du *u* en *ue,* mais on doit noter que la forme de ce verbe était jadis *jogar.* Les cas de ferme-ture vocalique se limitent aux verbes en -IR conjuguées comme *pedir.*

"Renforcement" consonantique

Dans quelques verbes le radical est "renforcé" par l'addition d'une consonne vélaire (*c* ou *g*) ou palatale (*y*). La forme la plus fréquente est celle des verbes dont la première personne du singulier du présent de l'indicatif termine en -*go*, et les formes subjonctives en -*ga, -gas, ga* etc. Il est cependant à remarquer que la plupart de ces verbes présentent également d'autres irrégularités qui appartiennent à la section des verbes proprement irréguliers. Deux des verbes semi-réguliers en -*go* (*oír* y *caer*) mettent en évidence une modification totalement régulière qui consiste à transformer un *i* non accentué entre deux voyelles en la consonne *y* (p.ex. le gérondif de *caer*, formé à partir de *ca-* et de *-iendo*, est *cayendo*). Ensuite, les verbes en -ECER et -UCIR ajoutent un /k/ "dur" (écrit *c*) à la consonne fricative à la fin de la racine, et changent celle-ci de *c* en *z* (*parec-er -> parez-co*). Cette irrégularité s'étend, comme d'habitude, aux formes du présent du subjonctif. En troisième lieu, les verbes en -UIR ajoutent un *y* au présent (*construyo, construyes* etc.) et appliquent la règle déjà mentionnée de *i* -> *y*.

Verbes irréguliers

Les véritables verbes irréguliers en espagnol sont ceux qui sont dotés de deux ou de plusieurs radicaux différents, soit comme résultat de la création d'un radical spécial pour le passé (*andar-anduve*), soit par la combinaison de verbes différents (*ir-va-fui*). D'autres irrégularités proviennent de la contraction du radical du futur et du conditionnel, d'une part, et de la forme impérative de la deuxième personne du singulier, de l'autre. Dans ces contractions, une voyelle et parfois une consonne peuvent être éliminées (*hacer-haré, decir-diré*). S'il en résulte qu'un *n* ou un *l* sont en contact avec un *r* , un *d* s'interpose afin d'éviter des groupements consonantiques impossibles (*tener-tendré, salir-saldré*). Les participes passés irréguliers, tel qu'énoncé ci-haut, se retrouvent dans une liste à part.

Contrastes entre les langues dans les fonctions des temps verbaux

Même si nous signalons dans ce livre les formes équivalentes du français et de l'anglais aux verbes espagnols, il faut tenir compte du fait que les fonctions et les valeurs des temps verbaux varient d'une langue à l'autre, d'un contexte discursif à l'autre. Il serait impossible de faire état dans ces pages de toutes les différences qui existent entre les trois langues dans l'emploi des temps verbaux, mais en résumé nous mentionnerons les cas suivants:

TEMPS PRÉSENT:

Le présent est le temps non marqué du système qui connaît toute une gamme de valeurs temporelles différentes, entre lesquelles figure celle du **futur immédiat**:

> Juan **sale** ahora
> Jean **sort** maintenant.
> John ***is leaving*** now.
>
> Te **presto** mi coche mañana.
> Demain je te **prête** ma voiture.
> ***I'll lend*** you my car tomorrow.

Au lieu de la forme simple du présent, l'anglais emploie la forme progressive ou celle du futur. Cette langue n'a recours au présent simple que dans le cas d'une séquence préplanifiée d'événements qui est en quelque sorte indépendante du temps et des intentions individuelles du sujet parlant:

> I **leave** for Paris tomorrow at 7.30. I **attend** the trade show from the 21st to the 24th, then I **visit** my brother in Perpignan, after which I **take** the train to London and I **fly** back from there.

TEMPS DU PASSÉ

Le temps normal du passé en français est le passé composé (*avoir/être* + participe passé: *j'ai chanté*), et le passé simple se réserve presque exclusivement à l'usage écrit. Par contre, la forme la plus employée en espagnol est le passé simple (pretérito indefinido: *canté*). La différence entre *canté* et *he cantado* n'est pas une simple question de style comme en français, mais de signification. *Canté* s'applique à un événement tout à fait achevé au passé, tandis que *he cantado* désigne un événement qui commence au passé mais qui se prolonge jusqu'au moment présent. L'usage de l'Espagne diffère sur ce point de celui de l'Amérique latine car il connaît l'utilisation du passé composé pour désigner des événements récemment terminés:

> Esta mañana **he ido** de compras al centro y **he visto** un par de zapatos que me encanta. (usage de l'Espagne)

Il n'y a que l'imparfait *cantaba/ je chantais* où il y a une coïncidence parfaite entre l'espagnol et le français; l'anglais, pour sa part, doit chercher des approximations dans les formes modales et les périphrases:

> Cantaba en el coro— Il chantait dans le choeur — He **was singing/ used to sing/ would sing** in the choir.

TEMPS DU FUTUR:

L'espagnol emploie, en plus du temps futur comme tel, la périphrase *ir a* + infinitif, de façon semblable à *aller* + infinitif en français. La périphrase est bien plus fréquente que la forme simple dans l'expression orale et s'applique en général à des événements immédiats, tandis que le futur simple signale des événements plus lointains, ou comporte des nuances d'obligation ou de détermination:

> Primero **escribirás** esta carta, luego le **llevarás** nuestro
> informe al jefe...
>
> ¡No **pasarán**!

L'anglais emploie le verbe modal **will** (abrégé dans l'expression orale à
'll) et **going to** (**gonna** dans le discours familier). **Will** est la forme
neutre, tandis que **going to** (**gonna**) exprime une valeur de
détermination:

> I'**m gonna** see Paris even if it kills me.

En espagnol, le futur, et le conditionnel aussi, sont employés parfois
avec une valeur de probabilité:

> — ¿Qué horas son?
> — No sé, no tengo reloj, pero **serán** más o menos las ocho.

TEMPS CONDITIONNEL:

Malgré le fait que l'emploi du conditionnel ne varie guère entre le
français et l'espagnol, il faut noter que dans les phrases conditionnelles
(avec *si*) de valeur irréelle ou d'hypothèse, le temps employé dans la
phrase subordonnée par *si* est l'imparfait du subjonctif en espagnol,
tandis que le français emploie l'indicatif:

> Si **tuviera** dinero, compraría un coche.
> Si j'**avais** de l'argent, j'achèterais une voiture.

SUBJONCTIF:

Bien que l'espagnol ait perdu ses temps du futur du subjonctif (il n'y en
a que quelques formes qui subsistent encore dans certains styles et
dialectes), il conserve un système fonctionnel de quatre temps:

cante — cantara/ cantase — haya cantado — hubiera cantado.

Le français, par contre, n'en connaít que deux formes vraiment actives
(*que je chante — que j'aie chanté*). Le subjonctif s'emploie de façon
systématique en espagnol pour indiquer des valeurs non factuelles, des
expressions s'appliquant à des antécedents indéfinis, et le temps futur
dans les phrases subordonnées. L'emploi du subjonctif en français obéit
souvent à des tendances d'ordre lexical et en anglais le subjonctif
est disparu (quelques formes du verbe *to be* sont conservées dans des
locutions figées : p.ex. *if I were you*).

Introduction

This book is designed as a convenient reference guide to Spanish verbs for speakers of French and/or English. Like the other volumes of the series, it has the unique feature of giving the verb forms of the target language side by side with their French and English equivalents. A further purpose of the book is to set out in a concise and systematic manner the major patterns, irregularites and modifications (phonic, morphological and orthographical) affecting Spanish verbs. A number of distinct verb types or clases are identified, as well as common verbs belonging to each class. Finally, an alphabetical list of all verbs cited in the book enhances its efficacity as a reference tool.

Conjugations

Spanish, like other Romance languages, inherits its verb system from Latin, but unlike French, it did not preserve all four Latin verb conjugations. Spanish reduced these to three, marked by the -AR, -ER and -IR infinitive endings. Only the first in -AR is still productive, allowing for the creation of new verbs (compare to French *-er*).

Component parts of the verb form

Verb forms in Spanish are composed of a verb **root** and three inflectional (varying) components: a **thematic vowel**, indicating conjugation and mood (i.e. indicative vs. subjunctive), a **tense/aspect marker** (indicating past, imperfect etc.), and a **person/number marker** (first, second and third persons singular and plural). Not all of these markers, however, will necessarily be evident in any one given form. The following examples will serve to illustrate the point:

raíz	tema	tiempo/aspecto		persona/número
cant	á	ba		mos
cant	a	—>	steis	<—
com	(i)e	ra		s
com	-	-		o
com	e	-		-
com	e	-		s

It will be noticed that the "third person" form does not, in fact, bear a person marker at all. Its unmarked status may serve to explain how it can be applied in Spanish to a variety of uses, ranging from the so-called "impersonal" verbs or constructions, to the formal "you" (*usted-ustedes*), which in terms of logic or meaning is normally thought of as second person.

23

Number of verb forms

A distinguishing feature of Spanish with respect to French and English is the relative clarity of thematic and person/number markers: the *a-e* vowel alternation allows for systematic differentiation of indicative and subjunctive forms in the present, whereas French has largely obscured the difference, except in irregular verbs; the person/number marker allows Spanish verbs to function without personal subject pronouns, reserving these for emphasis or stylistic effect (for which reason they are not included in the verb conjugations of this book). These facts mean that Spanish has a large number of forms for each verb: between forty and fifty. By contrast, spoken French, with phonetic erosion, sometimes uses only half that amount, and English typically has no more than four or five different forms per verb.

Organization of this book

Spanish verbs are divided in this book into five major categories: (1) auxiliaries, (2) regular verbs, (3) verbs with orthographical changes, (4) verbs with vowel modifications or consonantal reinforcements of the root (semi-regular) and (5) fully irregular verbs with more than one root form. Within each category, verb types are indicated for each specific change or modification. Following the verb conjugations, lists are given of deponent of defective verbs (indicating which forms are still extant), verbs with double past participles and verbs with irregular past participles.

Auxiliary verbs

Among auxiliary verbs, *haber* is perhaps the only one which truly deserves that name: both *ser* and *estar* can either be auxiliaries or main verbs, as is the case with auxiliaries in French and English. *Ser* is the auxiliary used for the passive: from the active tenses of a verb the equivalent passive forms can be constructed by using the corresponding tense of *ser* and the past participle of the verb in question. The past participle then agrees in number and gender with the subject of the verb. It should also be noted that the parallel construction of *estar* with the past participle is peculiar to Spanish. This construction indicates not the action of the verb, but the state resulting from that action: "el puente *es* construido" means, for example, "the bridge is being built" while "el puente *está* construido" means "the bridge is already built". For reasons of space, these constructions are not included in the conjugation of verbs in the present book.

Orthographical changes

Although regular, verbs ending in -IAR and -UAR can be divided into two groups according to whether the *i* or *u* is a semi-vowel and thus never stressed (*cambiar, fraguar*), or whether it is stressed in present tense forms (*enviar, actuar*). As regards orthographical changes, these occur to preserve consistency of pronunciation of certain consonants which would otherwise be pronounced "hard" or "soft" according to the ensuing vowel. Thus verbs in -CAR, in order to maintain the hard /k/ sound, are written with *c* before *a* or *o,* and *qu* before *e.* Likewise: verbs in -ZAR have *z* before *a* or *o,* and *c* before *e;* verbs in -GAR have *g* before *a* or *o,* and *gu* before *e;* verbs in -GUAR have *gu* and *gü;* and verbs in -GER or -GIR have *j* before *a* or *o,* and *g* before *e* and *i.* Finally, verbs whose root ends in *ñ* or *ll* are never written with an *i* following (e.g. *riñendo, tañendo, mullendo*) since this half-vowel is "absorbed" into the palatal consonant.

Diphthongs

Semi-regular verbs show Castilian diphthongization of Vulgar Latin's open E and O in stressed syllables, as well as vowel closure (*e -> i* , *o -> u*) and consonantal "reinforcement" of the root. Stressed-syllable diphthongization of *e* to *ie* as in *entender-entiendo,* and of *o* to *ue* as in *mover-muevo,* is in a sense more of a regular than an irregular phenomenon because of the large number of verbs it affects. However, in order to be able to fully predict whether diphthongization will or will not take place, it is necessary to have a knowledge of the original Latin forms from which the verbs are derived. One verb included in this type, *jugar,* shows diphthongization of *u* to *ue,* but it should be noted that this verb was originally *jogar.* Another type of change, vowel closure, is limited to -IR verbs conjugated like *pedir.*

Consonantal "reinforcement"

Some verbs "reinforce" their root through the addition of a velar consonant (written *c* or *g)* or a palatal consonant *y,* to present indicative and subjunctive forms. The most common type comprises verbs with first-person singular indicative forms ending in *-go* and subjunctive forms in *-ga, -gas, -ga* etc. It should be noted, though, that most of these also show other irregularities and are therefore included in the section for fully irregular verbs. Two of the verbs in *-go* which are included in the semi-regulars (*oír* and *caer*) show a further modification which in fact is perfectly regular: as a general rule of Spanish, the unstressed vowel *i* between two other vowels is changed into the consonant *y* (e.g. the gerundive of caer , formed from *ca-* and *-iendo* , is *cayendo*). Secondly, there are verbs ending in

-ECER and -UCIR which add a hard /k/ sound (written *c*) to the soft final consonant of the root, changing the latter's written form from *c* to *z* (*parec-er -> parez-co*). Again, this irregularity is propagated to present subjunctive forms. Thirdly, verbs in -UIR add *y* to present-tense forms (*construyo, construyes* etc.) as well as applying the *i* -> *y* rule mentioned above.

Irregular roots

Truly irregular verbs in Spanish are those that have two or more separate root forms, either as a result of the creation of a special root form for the preterite (*andar-anduve*) or through the combination of roots from originally different verbs (*ir-va-fui*). Contractions of future, conditional and *tú* imperative forms also produce irregularities. In future and conditional forms, the infinitive root form can undergo the elimination of a vowel and, in some cases, of an accompanying conso-nant (*hacer-haré, decir-diré*). Where *n* or *l* and *r* come into contact through such contractions, a *d* is interposed to avoid what for Spanish are impossible consonant sequences (*tener-tendré, salir-saldré*). Finally, as stated above, verbs with irregular past participles are given in a sepa-rate list.

Contrasts between languages in tense usage

Despite the French and English equivalents given for the Spanish verb forms in this book, verb tenses differ in their usage from one language to another, and from one discourse context to another. It would be impossible to list all the differences in tense usage between the three languages, but the following is a summary of some common ones:

PRESENT TENSE:

This is the unmarked tense used to convey a variety of temporal values, one of which is the **immediate future:**

> Juan **sale** ahora
> Jean **sort** maintenant.
> John *is leaving* now.

> Te **presto** mi coche mañana.
> Demain je te **prête** ma voiture.
> *I'll lend* you my car tomorrow.

Rather than the simple present of French and Spanish, English uses the progressive present or the future tense. Only with a planned succession of events which is somehow independent of the individual intentions and time of the speaker, can English use the simple present:

I **leave** for Paris tomorrow at 7.30. I **attend** the trade
show from the 21st to the 24th, then I **visit** my brother
in Perpignan, after which I **take** the train to London
and I **fly** back from there.

PAST TENSES:

The usual past tense in French is the "passé composé" (*avoir/être* + past
participle: *j'ai chanté*), while the simple past (preterite) is largely
restricted to the written language. By contrast, the most frequent form
in Spanish is the simple preterite ("indefinite preterite": *canté*). The
difference between *canté* and *he cantado* is not a matter of style (as with
the equivalent forms in French), but of meaning. *Canté* refers to a
totally past event, whereas *he cantado* refers to one beginning in the
past and lasting up to the present. Usage in Spain differs, however,
from Latin America in that the composite form can refer to events
totally past, though recent:

> Esta mañana **he ido** de compras al centro y **he visto** un
> par de zapatos que me encanta. (Usage in Spain)

Only the imperfect *cantaba/ je chantais* is completely identical in
function in French and Spanish, while English has to resort to an
approximate equivalence through modal and periphrastic forms:

> Cantaba en el coro— Il chantait dans le choeur — He **was
> singing/ used to sing/ would sing** in the choir.

FUTURE TENSES:

Spanish uses the periphrastic form *ir a* + infinitive alongside the future
tense, much as French uses *aller* + infinitive. The former is by far the
most common of the two in speech, and generally refers to immediate
or impending events, whereas the future tense refers to a more distant
future or nuances of obligation or determination:

> Primero **escribirás** esta carta, luego le **llevarás** nuestro
> informe al jefe…
>
> ¡No **pasarán**!

English uses **will** (contracted to **'ll** in speech) and **going to**
(colloquial **gonna**). The former is the neutral form, referring simply to
future time, while the latter can express a nuance of decision:

> I'**m gonna** see Paris even if it kills me.

Spanish also uses the simple future (and conditional tense) to express
probability:

— ¿Qué horas son?
— No sé, no tengo reloj, pero **serán** más o menos las ocho.

CONDITIONAL TENSE:

Though French and Spanish coincide in their use of the conditional tense, it should be noted that in conditional (*if*) clauses which are hypothetical or contrary to fact, the conditional tense is accompanied in the subordinate clause by the Spanish past subjunctive, whereas French uses an imperfect indicative:

> Si **tuviera** dinero, compraría un coche.
> Si j'**avais** de l'argent, j'achèterais une voiture.

SUBJUNCTIVE:

Though Spanish has lost its future and future perfect subjunctive tenses (only a few forms subsist in certain styles and dialects), it still retains a fully operational system of four subjunctive tenses:

> cante — cantara/ cantase — haya cantado — hubiera cantado

whereas French normally only uses two (*que je chante* — *que j'aie chanté*). The subjunctive is used systematically in Spanish to indicate non-factual situations, indefinite antecedents and future time in subordinate clauses. French subjunctive usage is in general more lexically determined, and in English the subjunctive has disappeared except for forms of the verb *to be* in stock phrases (e.g. *if I were you*).

Referencias bibliográficas

Références bibliographiques   *Bibliographical references*

Batchelor, R.E. & C.J. Pountain. *Using Spanish. A guuide to contemporary usage.* Cambridge: Cambridge University Press, 1992.

Butt, J. & C. Benjamin. *A new reference grammar of modern Spanish.* London: E. Arnold, 1988.

de Kempin, C. *Verbos españoles conjugados sin abreviación.* Lausanne: Payot, 1959.

Criado de Val, M. *El verbo español.* Madrid: SAETA, 1969.

González Hermoso, A. *Conjugar es fácil en español de España y América.* Madrid: EDELSA, 1996.

Gurrin, T.E. *Spanish verbs regular and irregular.* London: Hirschfield, n.d. (rev. by W.N. Cornett).

Kendrick, C. *201 Spanish verbs conjugated in all the tenses.* Woodbury, New York: Barron's, 1963.

Mateo, F. & A.J. Rojo Sastre. *Bescherelle: El arte de conjugar en español.* París: Hatier, 1984.

Seco, M. *Gramática esencial del español.* Madrid: Aguilar, 1972.

Spaulding, R.K. *Syntax of the Spanish verb.* Liverpool: Liverpool University Press, 1952.

Stockwell, R.P., J.D. Bowen & J.W. Martin. *The grammatical structures of English and Spanish.* Chicago: University of Chicago Press, 1965.

Los pronombres de sujeto en español
Les pronoms sujet en espagnol *Spanish subject pronouns*

El español tiene los siguientes pronombres de sujeto, que no se indican en las conjugaciones de este libro, debido a que sólo se emplean para dar énfasis o para evitar confusiones:

L'espagnol possède les pronoms sujet suivants, qui ne sont pas indiqués dans les conjugaisons de ce livre, du fait qu'ils ne sont employés que pour l'emphase ou pour éviter la confusion:

Spanish has the following subject pronouns, which are not given in the conjugations in this book, since they are only used for purposes of emphasis or to avoid confusion:

Pers.

1	j'aime	**yo** amo	I love
2	tu aimes	**tú** amas	you love
3	il aime	**él** ama	he loves
	elle aime	**ella** ama	she loves
	vous aimez	**usted** ama	you love

SING.
PLUR.

1	nous (masc.) aimons	**nosotros** amamos	we (masc.) love
	nous (fem.) aimons	**nosotras** amamos	we (fem.) love
2	vous (masc.) aimez	**vosotros** amáis	you (masc.) love
	vous (fem.) aimez	**vosotras** amáis	you (fem.)) love
3	ils aiment	**ellos** aman	they (masc.) love
	elles aiment	**ellas** aman	they (fem.) love
	vous aimez	**ustedes** aman	you love

Nota: A **tu - vous** (fr.) y a **you** (ingl.) corresponden cinco pronombres distintos — Cinq pronoms différents correspondent à **tu - vous** (fr.) et à **you** (angl.) — There are five different pronouns for **tu - vous** (Fr.) and **you** (Engl.):

	familiaridad		cortesía	
	sing.	plural	sing.	plural
ESP.	tú	vosotros (masc.) vosotras (fem.)	usted	ustedes
FR.	tu	<- - vous - ->		
INGL.		<- - you - ->		

Lista de verbos conjugados

Liste des verbes conjugués

List of conjugated verbs

Lista de verbos conjugados

Liste des verbes conjugués   List of conjugated verbs

Verbos auxiliares

Verbes auxiliaires   **Auxiliary Verbs**

AVOIR
Indicatif

Présent
j'ai
tu as
il/elle a
nous avons
vous avez
ils/elles ont

Passé composé
j'ai eu
tu as eu
il/elle a eu
nous avons eu
vous avez eu
ils/elles ont eu

Imparfait
j'avais
tu avais
il/elle avait
nous avions
vous aviez
ils/elles avaient

Plus-que-parfait
j'avais eu
tu avais eu
il/elle avait eu
nous avions eu
vous aviez eu
ils/elles avaient eu

Passé simple
j'eus
tu eus
il/elle eut
nous eûmes
vous eûtes
ils/elles eurent

Passé antérieur
j'eus eu
tu eus eu
il/elle eut eu
nous eûmes eu
vous eûtes eu
ils/elles eurent eu

HABER
Indicativo

Presente
he
has
ha
hemos
habéis
han

Pretérito perfecto
he habido
has habido
ha habido
hemos habido
habéis habido
han habido

Imperfecto
había
habías
había
habíamos
habíais
habían

Pluscuamperfecto
había habido
habías habido
había habido
habíamos habido
habíais habido
habían habido

Pretérito simple
hube
hubiste
hubo
hubimos
hubisteis
hubieron

Pretérito anterior
hube habido
hubiste habido
hubo habido
hubimos habido
hubisteis habido
hubieron habido

TO HAVE
Indicative

Present
I have
You have
He/she has
we have
you have
they have

Present Perfect
I have had
You have had
He/she has had
we have had
you have had
they have had

Past Descriptive
I used to have
You used to have
He/she used to have
We used to have
You used to have
They used to have

Past Perfect
I had had
You had had
He/she had had
We had had
You had had
They had had

Past Absolute
I had
You had
He/she had
We had
You had
They had

2nd Past Perfect
I had had
You had had
He/she had had
We had had
You had had
They had had

Futur simple
j'aurai
tu auras
il/elle aura
nous aurons
vous aurez
ils/elles auront

Futuro simple
habré
habrás
habrá
habremos
habréis
habrán

Future
I will have
You will have
He/she will have
We will have
You will have
They will have

Futur antérieur
j'aurai eu
tu auras eu
il/elle aura eu
nous aurons eu
vous aurez eu
ils/elles auront eu

Futuro anterior
habré habido
habrás habido
habrá habido
habremos habido
habréis habido
habrán habido

Future Perfect
I will have had
You will have had
He/she will have had
We will have had
You will have had
They will have had

Conditionnel présent
j'aurais
tu aurais
il/elle aurait
nous aurions
vous auriez
ils/elles auraient

Potencial simple
habría
habrías
habría
habríamos
habríais
habrían

Conditional
I would have
You would have
He/she would have
We would have
You would have
They would have

Conditionnel passé
j'aurais eu
tu aurais eu
il/elle aurait eu
nous aurions eu
vous auriez eu
ils/elles auraient eu

Potencial compuesto
habría habido
habrías habido
habría habido
habríamos habido
habríais habido
habrían habido

Conditional Perfect
I would have had
You would have had
He/she would have had
We would have had
You would have had
They would have had

Subjonctif

Subjuntivo

Subjunctive

Présent
que j'aie
que tu aies
qu'il ait
que nous ayons
que vous ayez
qu'ils aient

Presente
que haya
que hayas
que haya
que hayamos
que hayáis
que hayan

Present
that I may have
that you may have
that he/she may have
that we may have
that you may have
that they may have

Passé
que j'aie eu
que tu aies eu
qu'il ait eu
que nous ayons eu
que vous ayez eu
qu'ils aient eu

Pasado
que haya habido
que hayas habido
que haya habido
que hayamos habido
que hayáis habido
que hayan habido

Present Perfect
that I may have had
that you may have had
that he/she may have had
that we may have had
that you may have had
that they may have had

Imparfait
que j'eusse
que tu eusses
qu'il eût
que nous eussions
que vous eussiez
qu'ils eussent

Imperfecto I
que hubiera
que hubieras
que hubiera
que hubiéramos
que hubierais
que hubieran

Past
that I might have
that you might have
that he/she might have
that we might have
that you might have
that they might have

Imperfecto II
que hubiese
que hubieses
que hubiese
que hubiésemos
que hubieseis
que hubiesen

Plus-que-parfait
que j'eusse eu
que tu eusses eu
qu'il eût eu
que nous eussions eu
que vous eussiez eu
qu'ils eussent eu

Pluscuamperfecto I
que hubiera habido
que hubieras habido
que hubiera habido
que hubiéramos habido
que hubierais habido
que hubieran habido

Past Perfect
that I might have had
that you might have had
that he/she might have had
that we might have had
that you might have had
that they might have had

Pluscuamperfecto II
que hubiese habido
que hubieses habido
que hubiese habido
que hubiésemos habido
que hubieseis habido
que hubiesen habido

Impératif
aie

ayons
ayez

Imperativo
he
haya
hayamos
habed
hayan

Imperative
have
have
let us have
have
have

Participe
Présent: ayant
Passé: eu

Participio
────
habido

Participle
Present: having
Past: had

Gérondif
Présent: en ayant
Passé: en ayant eu

Gerundio
Presente: habiendo
Pasado: habiendo habido

Gerundive
Present: having
Past: having had

Infinitif
Présent: avoir
Passé: avoir eu

Infinitivo
Presente: haber
Pasado: haber habido

Infinitive
Present: to have
Past: to have had

39

2 SER

Verbos auxiliares

ETRE
Indicativo

Présent
je suis
tu es
il est
nous sommes
vous êtes
ils sont

Passe composé
j'ai été
tu as été
il a été
nous avons été
vous avez été
ils ont été

Imparfait
j'étais
tu étais
il était
nous étions
vous étiez
ils étaient

Plus-que-parfait
j'avais été
tu avais été
il avait été
nous avions été
vous aviez été
ils avaient été

Passé simple
je fus
tu fus
il fut
nous fûmes
vous fûtes
ils furent

Passé antérieur
j'eus été
tu eus été
il eut été
nous eûmes été
vous eûtes été
ils eurent été

SER
Indicativo

Presente
soy
eres
es
somos
sois
son

Pretérito perfecto
he sido
has sido
ha sido
hemos sido
habéis sido
han sido

Imperfecto
era
eras
era
éramos
erais
eran

Pluscuamperfecto
había sido
habías sido
había sido
habíamos sido
habíais sido
habían sido

Pretérito simple
fui
fuiste
fue
fuimos
fuisteis
fueron

Pretérito anterior
hube sido
hubiste sido
hubo sido
hubimos sido
hubisteis sido
hubieron sido

TO BE
Indicative

Present
I am
You are
He/she is
We are
You are
They are

Present Perfect
I have been
You have been
He/she has been
We have been
You have been
They have been

Past Descriptive
I used to be
You used to be
He/she used to be
We used to be
You used to be
They used to be

Past Perfect
I had been
You had been
He/she had been
We had been
You had been
They had been

Past Absolute
I was
You were
He/she was
We were
You were
They were

2nd Past Perfect
I had been
You had been
He/she had been
We had been
You had been
They had been

40

Futur simple
je serai
tu seras
il sera
nous serons
vous serez
ils seront

Futur antérieur
j'aurai été
tu auras été
il aura été
nous aurons été
vous aurez été
ils auront été

Conditionnel présent
je serais
tu serais
il serait
nous serions
vous seriez
ils seraient

Conditionnel passé
j'aurais été
tu aurais été
il aurait été
nous aurions été
vous auriez été
ils auraient été

Subjonctif

Présent
que je sois
que tu sois
qu'il soit
que nous soyons
que vous soyez
qu'ils soient

Passé
que j'aie été
que tu aies été
qu'il ait été
que nous ayons été
que vous ayez été
qu'ils aient été

Futuro simple
seré
serás
será
seremos
seréis
serán

Futuro anterior
habré sido
habrás sido
habrá sido
habremos sido
habréis sido
habrán sido

Potencial simple
sería
serías
sería
seríamos
seríais
serían

Potencial compuesto
habría sido
habrías sido
habria sido
habríamos sido
habríais sido
habrían sido

Subjuntivo

Presente
que sea
que seas
que sea
que seamos
que seáis
que sean

Pasado
que haya sido
que hayas sido
que haya sido
que hayamos sido
que hayáis sido
que hayan sido

Future
I will be
You will be
He/she will be
We will be
You will be
They will be

Future Perfect
I will have been
You will have been
He/she will have been
We will have been
You will have been
They will have been

Conditional
I would be
You would be
He/she would be
We would be
You would be
They would be

Conditional Perfect
I would have been
You would have been
He/she would have been
We would have been
You would have been
They would have been

Subjunctive

Present
that I may be
that you may be
that he/she may be
that we may be
that you may be
that they may be

Present Perfect
I may have been
You may have been
He/she may have been
We may have been
You may have been
They may have been

Imparfait	*Imperfecto I*	*Past*
que je fusse	que fuera	that I might be
que tu fusses	que fueras	that you might be
qu'il fût	que fuera	that he/she might be
que nous fussions	que fuéramos	that we might be
que vous fussiez	que fuerais	that you might be
qu'ils fussent	que fueran	that they might be
	Imperfecto II	
	que fuese	
	que fueses	
	que fuese	
	que fuésemos	
	que fueseis	
	que fuesen	
Plus-que-parfait	*Pluscuamperfecto I*	*Past Perfect*
que j'eusse été	que hubiera sido	I might have been
que tu eusses été	que hubieras sido	You might have been
qu'il eût été	que hubiera sido	He/she might have been
que nous eussions été	que hubiéramos sido	We might have been
que vous eussiez été	que hubierais sido	You might have been
qu'ils eussent été	que hubieran sido	They might have been
	Pluscuamperfecto II	
	que hubiese sido	
	que hubieses sido	
	que hubiese sido	
	que hubiésemos sido	
	que hubieseis sido	
	que hubiesen sido	

Impératif / Imperativo / Imperative

Impératif	*Imperativo*	**Imperative**
sois	sé	be
	sea	be
soyons	seamos	let us be
soyez	sed	be
	sean	be

Participe / Participio / Participle

Participe	*Participio*	**Participle**
Présent: étant	————	*Present:* being
Passé: été	sido	*Past:* been

Gérondif / Gerundio / Gerundive

Gérondif	*Gerundio*	**Gerundive**
Présent: en étant	*Presente:* siendo	*Present:* being
Passé: en ayant été	*Pasado:* habiendo sido	*Past:* having been

Infinitif / Infinitivo / Infinitive

Infinitif	*Infinitivo*	**Infinitive**
Présent: être	*Presente:* ser	*Present:* to be
Passé: avoir été	*Pasado:* haber sido	*Past:* to have been

ETRE
Indicatif

Présent
je suis
tu es
il/elle est
nous sommes
vous êtes
ils/elles sont

Passé composé
j'ai été
tu as été
il/elle a été
nous avons été
vous avez été
ils/elles ont été

Imparfait
j'étais
tu étais
il/elle était
nous étions
vous étiez
ils/elles étaient

Plus-que-parfait
j'avais été
tu avais été
il/elle avait été
nous avions été
vous aviez été
ils/elles avaient été

Passé simple
je fus
tu fus
il/elle fut
nous fûmes
vous fûtes
ils/elles furent

Passé antérieur
j'eus été
tu eus été
il/elle eut été
nous eûmes été
vous eûtes été
ils/elles eurent été

ESTAR
Indicativo

Presente
estoy
estás
está
estamos
estáis
están

Pretérito perfecto
he estado
has estado
ha estado
hemos estado
habéis estado
han estado

Imperfecto
estaba
estabas
estaba
estábamos
estabais
estaban

Pluscuamperfecto
había estado
habías estado
había estado
habíamos estado
habíais estado
habían estado

Pretérito simple
estuve
estuviste
estuvo
estuvimos
estuvisteis
estuvieron

Pretérito anterior
hube estado
hubiste estado
hubo estado
hubimos estado
hubisteis estado
hubieron estado

TO BE
Indicative

Present
I am
You are
He/she is
We are
You are
They are

Present Perfect
I have been
You have been
He/she has been
We have been
You have been
They have been

Past Descriptive
I used to be
You used to be
He/she used to be
We used to be
You used to be
They used to be

Past Perfect
I had been
You had been
He/she had been
We had been
You had been
They had been

Past Absolute
I was
You were
He/she was
We were
You were
They were

2nd Past Perfect
I had been
You had been
He/she had been
We had been
You had been
They had been

Futur Simple
je serai
tu seras
il/elle sera
nous serons
vous serez
ils/elles seront

Futur antérieur
j'aurai été
tu auras été
il/elle aura été
nous aurons été
vous aurez été
ils/elles auront été

Conditionnel présent
je serais
tu serais
il/elle serait
nous serions
vous seriez
ils/elles seraient

Conditionnel passé
j'aurais été
tu aurais été
il/elle aurait été
nous aurions été
vous auriez été
ils/elles auraient été

Subjonctif

Présent
que je sois
que tu sois
qu'il soit
que nous soyons
que vous soyez
qu'ils soient

Passé
que j'ai été
que tu aies été
qu'il/elle ait été
que nous ayons été
que vous ayez été
qu'ils aient été

Futuro simple
estaré
estarás
estará
estaremos
estaréis
estarán

Futuro anterior
habré estado
habrás estado
habrá estado
habremos estado
habréis estado
habrán estado

Potencial simple
estaría
estarías
estaría
estaríamos
estaríais
estarían

Potencial compuesto
habría estado
habrías estado
habría estado
habríamos estado
habríais estado
habrían estado

Subjuntivo

Presente
que esté
que estés
que esté
que estemos
que estéis
que estén

Pasado
que haya estado
que hayas estado
que haya estado
que hayamos estado
que hayáis estado
que hayan estado

Future
I will be
You will be
He/she will be
We will be
You will be
They will be

Future Perfect
I will have been
You will have been
He/she will have been
We will have been
You will have been
They will have been

Conditional
I would be
You would be
He/she would be
We would be
You would be
They would be

Conditional Perfect
I would have been
You would have been
He/she would have been
We would have been
You would have been
They would have been

Subjunctive

Present
that I may be
that you may be
that he/she may be
that we may be
that you may be
that they may be

Present Perfect
I may have been
You may have been
He/she may have been
We may have been
You may have been
They may have been

Imparfait
que je fusse
que tu fusses
qu'il fût
que nous fussions
que vous fussiez
qu'ils fussent

Imperfecto I
que estuviera
que estuvieras
que estuviera
que estuviéramos
que estuvierais
que estuvieran

Past
that I might be
that you might be
that he/she might be
that we might be
that you might be
that they might be

Imperfecto II
que estuviese
que estuvieses
que estuviese
que estuviésemos
que estuvieseis
que estuviesen

Plus-que-parfait
que j'eusse été
que tu eusses été
qu'il eût été
que nous eussions été
que vous eussiez été
qu'ils eussent été

Pluscuamperfecto I
que hubiera estado
que hubieras estado
que hubiera estado
que hubiéramos estado
que hubierais estado
que hubieran estado

Past Perfect
I might have been
You might have been
He/she might have been
We might have been
You might have been
They might have been

Pluscuamperfecto II
que hubiese estado
que hubieses estado
que hubiese estado
que hubiésemos estado
que hubieseis estado
que hubiesen estado

Impératif
sois

soyons
soyez

Imperativo
está
esté
estemos
estad
estén

Imperative
be
be
let us be
be
be

Participe
Présent: étant
Passé: été

Participio
———
estado

Participle
Present: being
Past: been

Gérondif
Présent: en étant
Passé: en ayant été

Gerundio
Presente: estando
Pasado: habiendo estado

Gerundive
Present: being
Past: having been

Infinitif
Présent: être
Passé: avoir été

Infinitivo
Presente: estar
Pasado: haber estado

Infinitive
Present: to be
Past: to have been

45

Verbos regulares

Verbes réguliers   **Regular Verbs**

Primera Conjugación

AIMER	AMAR	TO LOVE
Indicatif	*Indicativo*	**Indicative**
Présent	*Presente*	*Present*
j'aime	amo	I love
tu aimes	amas	You love
il/elle aime	ama	He/she loves
nous aimons	amamos	We love
vous aimez	amáis	You love
ils/elles aiment	aman	They love
Passé composé	*Pretérito perfecto*	*Present Perfect*
j'ai aimé	he amado	I have loved
tu as aimé	has amado	You have loved
il/elle a aimé	ha amado	He/she has loved
nous avons aimé	hemos amado	We have loved
vous avez aimé	habéis amado	You have loved
ils/elles ont aimé	han amado	They have loved
Imparfait	*Imperfecto*	*Past Descriptive*
j'aimais	amaba	I used to love
tu aimais	amabas	You used to love
il/elle aimait	amaba	He/she used to love
nous aimions	amábamos	We used to love
vous aimiez	amabais	You used to love
ils/elles aimaient	amaban	They used to love
Plus-que-parfait	*Pluscuamperfecto*	*Past Perfect*
j'avais aimé	había amado	I had loved
tu avais aimé	habías amado	You had loved
il/elle avait aimé	había amado	He/she had loved
nous avions aimé	habíamos amado	We had loved
vous aviez aimé	habíais amado	You had loved
ils/elles avaient aimé	habían amado	They had loved
Passé simple	*Pretérito simple*	*Past Absolute*
j'aimai	amé	I loved
tu aimas	amaste	You loved
il/elle aima	amó	He/she loved
nous aimâmes	amamos	We loved
vous aimâtes	amasteis	You loved
ils/elles aimèrent	amaron	They loved
Passé antérieur	*Pretérito anterior*	*2nd Past Perfect*
j'eus aimé	hube amado	I had loved
tu eus aimé	hubiste amado	You had loved
il/elle eut aimé	hubo amado	He/she had loved
nous eûmes aimé	hubimos amado	We had loved
vous eûtes aimé	hubisteis amado	You had loved
ils/elles eurent aimé	hubieron amado	They had loved

Futur simple	*Futuro simple*	*Future*
j'aimerai	amaré	I will love
tu aimeras	amarás	You will love
il/elle aimera	amará	He/she will love
nous aimerons	amaremos	We will love
vous aimerez	amaréis	You will love
ils/elles aimeront	amarán	They will love

Futur antérieur	*Futuro anterior*	*Future Perfect*
j'aurai aimé	habré amado	I will have loved
tu auras aimé	habrás amado	You will have loved
il/elle aura aimé	habrá amado	He/she will have loved
nous aurons aimé	habremos amado	We will have loved
vous aurez aimé	habréis amado	You will have loved
ils/elles auront aimé	habrán amado	They will have loved

Conditionnel présent	*Potencial simple*	*Conditional*
j'aimerais	amaría	I would love
tu aimerais	amarías	You would love
il/elle aimerait	amaría	He/she would love
nous aimerions	amaríamos	We would love
vous aimeriez	amaríais	You would love
ils/elles aimeraient	amarían	They would love

Conditionnel passé	*Potencial compuesto*	*Conditional Perfect*
j'aurais aimé	habría amado	I would have loved
tu aurais aimé	habrías amado	You would have loved
il/elle aurait aimé	habría amado	He/she would have love
nous aurions aimé	habríamos amado	We would have loved
vous auriez aimé	habríais amado	You would have loved
ils/elles auraient aimé	habrían amado	They would have loved

Subjonctif / *Subjuntivo* / Subjunctive

Présent	*Presente*	*Present*
que j'aime	que ame	that I may love
que tu aimes	que ames	that you may love
qu'il/elle aime	que ame	that he/she may love
que nous aimions	que amemos	that we may love
que vous aimiez	que améis	that you may love
qu'ils/elles aiment	que amen	that they may love

Passé	*Pasado*	*Present Perfect*
que j'aie aimé	que haya amado	I may have loved
que tu aies aimé	que hayas amado	You may have loved
qu'il/elle ait aimé	que haya amado	He/she may have loved
que nous ayons aimé	que hayamos amado	We may have loved
que vous ayez aimé	que hayáis amado	You may have loved
qu'ils/elles aient aimé	que hayan amado	They may have loved

Imparfait
que j'aimasse
que tu aimasses
qu'il/elle aimât
que nous aimassions
que vous aimassiez
qu'ils/elles aimassent

Imperfecto I
que amara
que amaras
que amara
que amáramos
que amarais
que amaran

Past
that I might love
that you might love
that he/she might love
that we might love
that you might love
that they might love

Imperfecto I
que amase
que amases
que amase
que amásemos
que amaseis
que amasen

Plus-que-parfait
que j'eusse aimé
que tu eusses aimé
qu'il/elle eût aimé
que nous eussions aimé
que vous eussiez aimé
qu'ils/elles eussent aimé

Pluscuamperfecto I
que hubiera amado
que hubieras amado
que hubiera amado
que hubiéramos amado
que hubierais amado
que hubieran amado

Past Perfect
I might have loved
You might have loved
He/she might have loved
We might have loved
You might have loved
They might have loved

Pluscuamperfecto II
que hubiese amado
que hubieses amado
que hubiese amado
que hubiésemos amado
que hubieseis amado
que hubiesen amado

Impératif
aime

aimons
aimez

Imperativo
ama *tu*
ame *tu fo*
amemos *nous*
amad *vous*
amen *vous formal*

Imperative
love
love
let us love
love
love

Participe
Présent: aimant
Passé: aimé

Participio
———————
amado

Participle
Present: loving
Past: loved

Gérondif
Présent: en aimant
Passé: en ayant aimé

Gerundio
Presente: amando
Pasado: habiendo amado

Gerundive
Present: loving
Past: having loved

Infinitif
Présent: aimer
Passé: avoir aimé

Infinitivo
Presente: amar
Pasado: haber amado

Infinitive
Present: to love
Past: to have loved

51

5 VENDER Verbos regulares

Segunda Conjugación

VENDRE	VENDER	TO SELL
Indicatif	*Indicativo*	**Indicative**

Présent / *Presente* / **Present**

je vends	vendo	I sell
tu vends	vendes	You sell
il/elle vend	vende	He/she sells
nous vendons	vendemos	We sell
vous vendez	vendéis	You sell
ils/elles vendent	venden	They sell

Passé composé / *Pretérito perfecto* / **Present Perfect**

j'ai vendu	he vendido	I have sold
tu as vendu	has vendido	You have sold
il/elle a vendu	ha vendido	He/she has sold
nous avons vendu	hemos vendido	We have sold
vous avez vendu	habéis vendido	You have sold
ils/elles ont vendu	han vendido	They have sold

Imparfait / *Imperfecto* / **Past Descriptive**

je vendais	vendía	I used to sell
tu vendais	vendías	You used to sell
il/elle vendait	vendía	He/she used to sell
nous vendions	vendíamos	We used to sell
vous vendiez	vendíais	You used to sell
ils/elles vendaient	vendían	They used to sell

Plus-que-Parfait / *Pluscuamperfecto* / **Past Perfect**

j'avais vendu	había vendido	I had sold
tu avais vendu	habías vendido	You had sold
il/elle avait vendu	había vendido	He/she had sold
nous avions vendu	habíamos vendido	We had sold
vous aviez vendu	habíais vendido	You had sold
ils/elles avaient vendu	habían vendido	They had sold

Passé simple / *Pretérito simple* / **Past Absolute**

je vendis	vendí	I sold
tu vendis	vendiste	You sold
il/elle vendit	vendió	He/she sold
nous vendîmes	vendimos	We sold
vous vendîtes	vendisteis	You sold
ils/elles vendirent	vendieron	They sold

Passé antérieur / *Pretérito anterior* / **2nd Past Perfect**

j'eus vendu	hube vendido	I had sold
tu eus vendu	hubiste vendido	You had sold
il/elle eut vendu	hubo vendido	He/she had sold
nous eûmes vendu	hubimos vendido	We had sold
vous eûtes vendu	hubisteis vendido	You had sold
ils/elles eurent vendu	hubieron vendido	They had sold

Futur simple
je vendrai
tu vendras
il/elle vendra
nous vendrons
vous vendrez
ils/elles vendront

Futur antérieur
j'aurai vendu
tu auras vendu
il/elle aura vendu
nous aurons vendu
vous aurez vendu
ils/elles auront vendu

Conditionnel présent
je vendrais
tu vendrais
il/elle vendrait
nous vendrions
vous vendriez
ils/elles vendraient

Conditionnel passé
j'aurais vendu
tu aurais vendu
il/elle aurait vendu
nous aurions vendu
vous auriez vendu
ils/elles auraient vendu

Subjonctif

Présent
que je vende
que tu vendes
qu'il/elle vende
que nous vendions
que vous vendiez
qu'ils/elles vendent

Passé
que j'aie vendu
que tu aies vendu
qu'il/elle ait vendu
que nous ayons vendu
que vous ayez vendu
qu'ils/elles aient vendu

Futuro simple
venderé
venderás
venderá
venderemos
venderéis
venderán

Futuro perfecto
habré vendido
habrás vendido
habrá vendido
habremos vendido
habréis vendido
habrán vendido

Potencial simple
vendería
venderías
vendería
venderíamos
venderíais
venderían

Potencial compuesto
habría vendido
habrías vendido
habría vendido
habríamos vendido
habríais vendido
habrían vendido

Subjuntivo

Presente
que venda
que vendas
que venda
que vendamos
que vendáis
que vendan

Pasado
haya vendido
hayas vendido
haya vendido
hayamos vendido
hayáis vendido
hayan vendido

Future
I will sell
You will sell
He/she will sell
We will sell
You will sell
They will sell

Future Perfect
I will have sold
You will have sold
He/she will have sold
We will have sold
You will have sold
They will have sold

Conditional
I would sell
You would sell
He/she would sell
We would sell
You would sell
They would sell

Conditional Perfect
I would have sold
You would have sold
He/she would have sold
We would have sold
You would have sold
They would have sold

Subjunctive

Present
that I may sell
that you may sell
thathe/she may sell
that we may sell
that you may sell
that they may sell

Present Perfect
I may have sold
You may have sold
He/she may have sold
We may have sold
You may have sold
They may have sold

Imparfait	*Imperfecto I*	*Past*
que je vendisse	que vendiera	that I might sell
que tu vendisses	que vendieras	that you might sell
qu'il/elle vendît	que vendiera	that he/she might sell
que nous vendissions	que vendiéramos	that we might sell
que vous vendissiez	que vendierais	that you might sell
qu'ils/elles vendissent	que vendieran	that they might sell

	Imperfecto II	
	que vendiese	
	que vendieses	
	que vendiese	
	que vendiésemos	
	que vendieseis	
	que vendiesen	

Plus-que-parfait	*Pluscuamperfecto I*	*Past Perfect*
que j'eusse vendu	hubiera vendido	I might have sold
que tu eusses vendu	hubieras vendido	You might have sold
qu'il/elle eût vendu	hubiera vendido	He/she might have sold
que nous eussions vendu	hubiéramos vendido	We might have sold
que vous eussiez vendu	hubierais vendido	You might have sold
qu'ils/elles eussent vendu	hubieran vendido	They might have sold

	Pluscuamperfecto II	
	hubiese vendido	
	hubieses vendido	
	hubiese vendido	
	hubiésemos vendido	
	hubieseis vendido	
	hubiesen vendido	

Impératif	*Imperativo*	**Imperative**
vend	vende	sell
	venda	sell
vendons	vendamos	let us sell
vendez	vended	sell
	vendan	sell

Participe	*Participio*	**Participle**
Présent: vendant		*Present:* selling
Passé: vendu	vendido	*Past:* sold

Gérondif	*Gerundio*	**Gerundive**
Présent: en vendant	*Presente:* vendiendo	*Present:* selling
Passé: en ayant vendu	*Pasado:* habiendo vendido	*Past:* having sold

Infinitif	*Infinitivo*	**Infinitive**
Présent: vendre	*Presente:* vender	*Present:* to sell
Passé: avoir vendu	*Pasado:* haber vendido	*Past:* to have sold

VIVIR 6

Tercera Conjugación

VIVRE	VIVIR	TO LIVE
Indicatif	*Indicativo*	**Indicative**
Présent	*Presente*	*Present*
je vis	vivo	I live
tu vis	vives	You live
il/elle vit	vive	He/she lives
nous vivons	vivimos	We live
vous vivez	vivís	You live
ils/elles vivent	viven	They live
Passé composé	*Pretérito perfecto*	*Present Perfect*
j'ai vécu	he vivido	I have lived
tu as vécu	has vivido	You have lived
il/elle a vécu	ha vivido	He/she has lived
nous avons vécu	hemos vivido	We have lived
vous avez vécu	habéis vivido	You have lived
ils/elles ont vécu	han vivido	They have lived
Imparfait	*Imperfecto*	*Past Descriptive*
je vivais	vivía	I used to live
tu vivais	vivías	You used to live
il/elle vivait	vivía	He/she used to live
nous vivions	vivíamos	We used to live
vous viviez	vivíais	You used to live
ils/elles vivaient	vivían	They used to live
Plus-que-parfait	*Pluscuamperfecto*	*Past Perfect*
j'avais vécu	había vivido	I had lived
tu avais vécu	habías vivido	You had lived
il/elle avait vécu	había vivido	He/she had lived
nous avions vécu	habíamos vivido	We had lived
vous aviez vécu	habíais vivido	You had lived
ils/elles avaient vécu	habían vivido	They had lived
Passé simple	*Pretérito simple*	*Past Absolute*
je vécus	viví	I lived
tu vécus	viviste	You lived
il/elle vécut	vivió	He/she lived
nous vécûmes	vivimos	We lived
vous vécûtes	vivisteis	You lived
ils/elles vécurent	vivieron	They lived
Passé antérieur	*Pretérito anterior*	*2nd Past Perfect*
j'eus vécu	hube vivido	I had lived
tu eus vécu	hubiste vivido	You had lived
il/elle eut vécu	hubo vivido	He/she had lived
nous eûmes vécu	hubimos vivido	We had lived
vous eûtes vécu	hubisteis vivido	You had lived
ils/elles eurent vécu	hubieron vivido	They had lived

Futur simple	*Futuro simple*	*Future*
je vivrai	viviré	I will live
tu vivras	vivirás	You will live
il/elle vivra	vivirá	He/she will live
nous vivrons	viviremos	We will live
vous vivrez	viviréis	You will live
ils/elles vivront	vivirán	They will live

Futur antérieur	*Futuro anterior*	*Future Perfect*
j'aurai vécu	habré vivido	I will have lived
tu auras vécu	habrás vivido	You will have lived
il/elle aura vécu	habrá vivido	He/she will have lived
nous aurons vécu	habremos vivido	We will have lived
vous aurez vécu	habréis vivido	You will have lived
ils/elles auront vécu	habrán vivido	They will have lived

Conditionnel présent	*Potencial simple*	*Conditional*
je vivrais	viviría	I would live
tu vivrais	vivirías	You would live
il/elle vivrait	viviría	He/she would live
nous vivrions	viviríamos	We would live
vous vivriez	viviríais	You would live
ils/elles vivraient	vivirían	They would live

Conditionnel passé	*Potencial compuesto*	*Conditional Perfect*
j'aurais vécu	habría vivido	I would have lived
tu aurais vécu	habrías vivido	You would have lived
il/elle aurait vécu	habría vivido	He/she would have lived
nous aurions vécu	habríamos vivido	We would have lived
vous auriez vécu	habríais vivido	You would have lived
ils/elles auraient vécu	habrían vivido	They would have lived

Subjonctif   *Subjuntivo*   Subjunctive

Présent	*Presente*	*Present*
que je vive	que viva	that I may live
que tu vives	que vivas	that you may live
qu'il/elle vive	que viva	that he/she may live
que nous vivions	que vivamos	that we may live
que vous viviez	que viváis	that you may live
qu'ils/elles vivent	que vivan	that they may live

Passé	*Pasado*	*Present Perfect*
que j'aie vécu	que haya vivido	I may have lived
que tu aies vécu	que hayas vivido	You may have lived
qu'il/elle ait vécu	que haya vivido	He/she may have lived
que nous ayons vécu	que hayamos vivido	We may have lived
que vous ayez vécu	que hayáis vivido	You may have lived
qu'ils/elles aient vécu	que hayan vivido	They may have lived

Imparfait
que je vécusse
que tu vécusses
qu'il/elle vécût
que nous vécussions
que vous vécussiez
qu'ils/elles vécussent

Imperfecto I
que viviera
que vivieras
que viviera
que viviéramos
que vivierais
que vivieran

Past
that I might live
that you might live
that he/she might live
that we might live
that you might live
that they might live

Imperfecto I
que viviese
que vivieses
que viviese
que viviésemos
que vivieseis
que viviesen

Plus-que-parfait
que j'eusse vécu
que tu eusses vécu
qu'il/elle eût vécu
que nous eussions vécu
que vous eussiez vécu
qu'ils/elles eussent vécu

Pluscuamperfecto I
que hubiera vivido
que hubieras vivido
que hubiera vivido
que hubiéramos vivido
que hubierais vivido
que hubieran vivido

Past Perfect
I might have lived
You might have lived
He/she might have lived
We might have lived
You might have lived
They might have lived

Pluscuamperfecto II
que hubiese vivido
que hubieses vivido
que hubiese vivido
que hubiésemos vivido
que hubieseis vivido
que hubiesen vivido

Impératif
vive

vivons
vivez

Imperativo
vive
viva
vivamos
vivid
vivan

Imperative
live
live
let us live
live
live

Participe
Présent: vivant
Passé: vécu

Participio
—————
vivido

Participle
Present: living
Past: lived

Gérondif
Présent: en vivant
Passé: en ayant vécu

Gerundio
Presente: viviendo
Pasado: habiendo vivido

Gerundive
Present: living
Past: having lived

Infinitif
Présent: vivre
Passé: avoir vécu

Infinitivo
Presente: vivir
Pasado: haber vivido

Infinitive
Present: to live
Past: to have lived

Formas pasivas

LOUER	ALABAR	TO PRAISE
Indicatif	*Indicativo*	**Indicative**
Présent	*Presente*	*Present*
je suis loué(e)	soy alabado/a	I am praised
tu es loué(e)	eres alabado/a	You are praised
il/elle est loué(e)	es alabado/a	He is praised
nous sommes loué(e)s	somos alabados/as	We are praised
vous êtes loué(e)(s)	sois alabados/as	You are praised
ils/elles sont loué(e)s	son alabados/as	They are praised
Passé composé	*Pretérito perfecto*	*Present Perfect*
j'ai été loué(e)	he sido alabado/a	I have been praised
tu as été loué(e)	has sido alabado/a	You have been praised
il/elle a été loué(e)	ha sido alabado/a	He has been praised
nous avons été loué(e)s	hemos sido alabados/as	We have been praised
vous avez été loué(e)(s)	habéis sido alabados/as	You have been praised
ils/elles ont été loué(e)s	han sido alabados/as	They have been praised
Imparfait	*Imperfecto*	*Past Descriptive*
j'étais loué(e)	era alabado/a	I used to be praised
tu étais loué(e)	eras alabado/a	You used to be praised
il/elle était loué(e)	era alabado/a	He used to be praised
nous étions loué(e)s	éramos alabados/as	We used to be praised
vous étiez loué(e)(s)	erais alabados/as	You used to be praised
ils/elles étaient loué(e)s	eran alabados/as	They used to be praised
Plus-que-parfait	*Pluscuamperfecto*	*Past Perfect*
j'avais été loué(e)	había sido alabado/a	I had been praised
tu avais été loué(e)	habías sido alabado/a	You had been praised
il/elle avait été loué(e)	había sido alabado/a	He had been praised
nous avions été loué(e)s	habíamos sido alabados/as	We had been praised
vous aviez été loué(e)(s)	habíais sido alabados/as	You had been praised
ils/elles avaient été loué(e)s	habían sido alabados/as	They had been praised
Passé simple	*Pretérito simple*	*Past Absolute*
je fus loué(e)	fui alabado/a	I was praised
tu fus loué(e)	fuiste alabado/a	You were praised
il/elle fut loué(e)	fue alabado/a	He was praised
nous fûmes loué(e)s	fuinos alabados/as	We were praised
vous fûtes loué(e)(s)	fuisteis alabados/as	You were praised
ils/elles furent loué(e)s	fueron alabados/as	They were praised
Passé antérieur	*Pretérito anterior*	*2nd Past Perfect*
j'eus été loué(e)	hube sido alabado/a	I had been praised
tu eus été loué(e)	hubiste sido alabado/a	You had been praised
il/elle eut été loué(e)	hubo sido alabado/a	He had been praised
nous eûmes été loué(e)s	hubimos sido alabados/as	We had been praised
vous eûtes été loué(e)(s)	hubisteis sido alabados/as	You had been praised
ils/elles eurent été loué(e)s	hubieron sido alabados/as	They had been praised

Futur simple	**Futuro simple**	**Future**
je serai loué(e)	seré alabado/a	I will be praised
tu seras loué(e)	serás alabado/a	You will be praised
il/elle sera loué(e)	será alabado/a	He will be praised
nous serons loué(e)s	seremos alabados/as	We will be praised
vous serez loué(e)(s)	seréis alabados/as	You will be praised
ils/elles seront loué(e)s	serán alabados/as	They will be praised
Futur antérieur	**Futuro anterior**	**Future Perfect**
j'aurai été loué(e)	habré sido alabado/a	I will have been praised
tu auras été loué(e)	habrás sido alabado/a	You will have been praised
il/elle aura été loué(e)	habrá sido alabado/a	He will have been praised
nous aurons été loué(e)s	habremos sido alabados/as	We will have been praised
vous aurez été loué(e)(s)	habréis sido alabados/as	You will have been praised
ils/elles auront été loué(e)s	habrán sido alabados/as	They will have been praised
Conditionnel présent	**Potencial simple**	**Conditional**
je serais loué(e)	sería alabado/a	I would be praised
tu serais loué(e)	serías alabado/a	You would be praised
il/elle serait loué(e)	sería alabado/a	He would be praised
nous serions loué(e)s	seríamos alabados/as	We would be praised
vous seriez loué(e)(s)	seríais alabados/as	You would be praised
ils/elles seraient loué(e)s	serían alabados/as	They would be praised
Conditionnel passé	**Potencial compuesto**	**Conditional Perfect**
j'aurais été loué(e)	habría sido alabado/a	I would have been praised
tu aurais été loué(e)	habrías sido alabado/a	You would have been praised
il/elle aurait été loué(e)	habría sido alabado/a	He would have been praised
nous aurions été loué(e)s	habríamos sido alabados/as	We would have been praised
vous auriez été loué(e)(s)	habríais sido alabados/as	You would have been praised
ils/elles auraient été loué(e)s	habrían sido alabados/as	They would have been praised

Subjonctif   *Subjuntivo*   Subjunctive

Présent	**Presente**	**Present**
que je sois loué(e)	que sea alabado/a	that I may be praised
que tu sois loué(e)	que seas alabado/a	that you may be praised
qu'il/elle soit loué(e)	que sea alabado/a	that he may be praised
que nous soyons loué(e)s	que seamos alabados/as	that we may be praised
que vous soyez loué(e)(s)	que seáis alabados/as	that you may be praised
qu'ils/elles soient loué(e)s	que sean alabados/as	that they may be praised
Passé	**Pasado**	**Present Perfect**
que j'aie été loué(e)	que haya sido alabado/a	I may have been praised
que tu aies été loué(e)	que hayas sido alabado/a	You may have been praised
qu'il/elle ait été loué(e)	que haya sido alabado/a	He may have been praised
que nous ayons été loué(e)s	q. hayamos sido alabados/as	We may have been praised
que vous ayez été loué(e)(s)	que hayáis sido alabados/as	You may have been praised
qu'ils/elles aient été loué(e)s	que hayan sido alabados/as	They may have been praised

Imparfait

Imparfait
que je fusse loué(e)
que tu fusses loué(e)
qu'il/elle fût loué(e)
que nous fussions loué(e)s
que vous fussiez loué(e)(s)
qu'ils/elles fussent loué(e)s

Imperfecto I
que fuera alabado/a
que fueras alabado/a
que fuera alabado/a
que fuéramos alabados/as
que fuerais alabados/as
que fueran alabados/as

Past
that I might be praised
that you might be prais
that he might be praise
that we might be praise
that you might be prais
that they might be prai

Imperfecto I
que fuese alabado/a
que fueses alabado/a
que fuese alabado/a
que fuésemos alabados/as
que fueseis alabados/as
que fuesen alabados/as

Plus-que-parfait
que j'eusse été loué(e)
que tu eusses été loué(e)
qu'il/elle eût été loué(e)
q. nous eussions été loué(e)s
q. vous eussiez été loué(e)(s)
qu'ils/elles eussent été
loué(e)s

Pluscuamperfecto I
que hubiera sido alabado/a
que hubieras sido alabado/a
que hubiera sido alabado/a
q. hubiéramos sido alabados/as
q. hubierais sido alabados/as
q. hubieran sido alabados/as

Past Perfect
I might have been praise
You might have been pra
He might have been prai
We might have been pra
You might have been pra
They might have been p

Pluscuamperfecto II
que hubiese sido alabado/a
que hubieses sido alabado/a
que hubiese sido alabado/a
que hubiésemos sido alabados/as
que hubieseis sido alabados/as
que hubiesen sido alabados/as

Impératif

Impératif
sois loué(e)

soyons loué(e)s
soyez loué(e)(s)

Imperativo
sé alabado/a
sea alabado/a
seamos alabados/as
seais alabados/as
sean alabados/as

Imperative
be praised
be praised
let us be praised
be praised
be praised

Participe
Présent: étant loué(e)
Passé: loué(e)

Participio
—————
alabado/a

Participle
Present: being praised
Past: praised

Gérondif
Présent: en étant loué(e)
Passé: en ayant été loué(e)

Gerundio
Pres.: siendo alabado/a
Pdo: habiendo sido alabado/a

Gerundive
Present: being praise
Past: having been pra

Infinitif
Présent: être loué(e)
Passé: avoir été loué(e)

Infinitivo
Presente: ser alabado/a
Pdo: haber sido alabado/a

Infinitive
Present: to be praised
Past: to have been prai

Verbos reflexivos

SE LAVER	LAVARSE	TO WASH ONESELF
Indicatif	*Indicativo*	**Indicative**

Présent / *Presente* / *Present*
je me lave — me lavo — I wash myself
tu te laves — te lavas — You wash yourself
il/elle se lave — se lava — He washes himself
nous nous lavons — nos lavamos — We wash ourselves
vous vous lavez — os laváis — You wash yourselves
ils/elles se lavent — se lavan — They wash themselves

Passé composé / *Pretérito perfecto* / *Present Perfect*
je me suis lavé — me he lavado — I have washed myself
tu t'es lavé — te has lavado — You have washed yourself
il/elle s'est lavé — se ha lavado — He has washed himself
nous nous sommes lavés — nos hemos lavado — We have washed ourselves
vous vous êtes lavés — os habéis lavado — You have washed yourselves
ils/elles se sont lavés — se han lavado — They have washed themselves

Imparfait / *Imperfecto* / *Past Descriptive*
je me lavais — me lavaba — I used to wash myself
tu te lavais — te lavabas — You used to wash yourself
il/elle se lavait — se lavaba — He used to wash himself
nous nous lavions — nos lavábamos — We used to wash ourselves
vous vous laviez — os lavabais — You used to wash yourselves
ils/elles se lavaient — se lavaban — They used to wash themselves

Plus-que-parfait / *Pluscuamperfecto* / *Past Perfect*
je m'étais lavé — me había lavado — I had washed myself
tu t'étais lavé — te habías lavado — You had washed yourself
il/elle s'était lavé — se había lavado — He had washed himself
nous nous étions lavés — nos habíamos lavado — We had washed ourselves
vous vous étiez lavés — os habíais lavado — You had washed yourselves
ils/elles s'étaient lavés — se habían lavado — They had washed themselves

Passé simple / *Pretérito simple* / *Past Absolute*
je me lavai — me lavé — I washed myself
tu te lavas — te lavaste — You washed yourself
il/elle se lava — se lavó — He washed himself
nous nous lavâmes — nos lavamos — We washed ourselves
vous vous lavâtes — os lavasteis — You washed yourselves
ils/elle se lavèrent — se lavaron — They washed themselves

Passé antérieur / *Pretérito anterior* / *2nd Past Perfect*
je me fus lavé — me hube lavado — I had washed myself
tu te fus lavé — te hubiste lavado — You had washed yourself
il/elle se fut lavé — se hubo lavado — He had washed himself
nous nous fûmes lavés — nos hubimos lavado — We had washed ourselves
vous vous fûtes lavés — os hubisteis lavado — You had washed yourselves
ils/elles se furent lavés — se hubieron lavado — They had washed themselves

61

8 LAVARSE — Verbos reflexivos

Futur simple
je me laverai
tu te laveras
il/elle se lavera
nous nous laverons
vous vous laverez
ils/elle se laveront

Futuro simple
me lavaré
te lavarás
se lavará
nos lavaremos
os lavaréis
se lavarán

Future
I will wash myself
You will wash yourself
He will wash himself
We will wash ourselves
You will wash yourselves
They will wash themselves

Futur antérieur
je me serai lavé
tu te seras lavé
il/elle se sera lavé
nous nous serons lavés
vous vous serez lavés
ils/elles se seront lavés

Futuro anterior
me habré lavado
te habrás lavado
se habrá lavado
nos habremos lavado
os habréis lavado
se habrán lavado

Future Perfect
I will have washed myself
You will have washed yourse
He will have washed himself
We will have washed ourselv
You will have washed yourse
They will have washed themse

Conditionnel prés.
je me laverais
tu te laverais
il/elle se laverait
nous nous laverions
vous vous laveriez
ils/elles se laveraient

Potencial simple
me lavaría
te lavarías
selavaría
nos lavaríamos
os lavaríais
se lavarían

Conditional
I would wash myself
You would wash yourself
He would wash himself
We would wash ourselves
You would wash yourselves
They would wash themselves

Conditionnel pas.
je me serais lavé
tu te serais lavé
il/elle se serait lavés
nous nous serions lavés
vous vous seriez lavés
ils/elles se seraient lavés

Potencial compuesto
me habría lavado
te habrías lavado
se habría lavado
nos habríamos lavado
os habríais lavado
se habrían lavado

Conditional Perfect
I would have washed myself
You would have washed you
He would have washed hims
We would have washed ourse
You would have washed yours
They would have washed them

Subjonctif / Subjuntivo / Subjunctive

Présent
que je me lave
que tu te laves
qu'il/elle se lave
que nous nous lavions
que vous vous laviez
qu'ils/elles se lavent

Presente
que me lave
que te laves
que se lave
que nos lavemos
que os lavéis
que se laven

Present
that I may wash myself
that you may wash yourself
that he may wash himself
that we may wash ourselves
that you may wash yourselve
that they may wash themselv

Passé
que je me sois lavé
que tu te sois lavé
qu'il/elle se soit lavé
que nous n. soyons lavés
que vous v. soyez lavés
qu'ils/elles se soient lavés

Pasado
que me haya lavado
que te hayas lavado
que se haya lavado
que nos hayamos lavado
que os hayáis lavado
que se hayan lavado

Present Perfect
I may have washed myself
You may have washed yours
He may have washed himse
We may have washed ourse
You may have washed your
They may have washed thems

Imparfait
que je me lavasse
que tu te lavasses
qu'il/elle se lavât
que nous nous lavassions
que vous vous lavassiez
qu'ils/elles se lavassent

Imperfecto I
que me lavara
que te lavaras
que se lavara
que nos laváramos
que os lavarais
que se lavaran

Imperfecto I
que me lavase
que te lavases
que se lavase
que nos lavásemos
que os lavaseis
que se lavasen

Past
that I might wash myself
that you might wash yourself
that he might wash himself
that we might wash ourselves
that you might wash yourselves
that they might wash themselves

Plus-que-parfait
que je me fusse lavé
que tu te fusses lavé
qu'il/elle se fût lavé
que nous n. fussions lavés
que vous v. fussiez lavés
qu'ils/elles se fussent lavés

Pluscuamperfecto I
que me hubiera lavado
que te hubieras lavado
que se hubiera lavado
que nos hubiéramos lavado
que os hubierais lavado
que se hubieran lavado

Past Perfect
I might have washed myself
You might have washed yourself
He might have washed himself
We might have washed ourselves
You might have washed yourselves
They might have washed themselves

Pluscuamperfecto II
que me hubiese lavado
que te hubieses lavado
que se hubiese lavado
que nos hubiésemos lavado
que os hubieseis lavado
que se hubiesen lavado

Impératif
lave-toi

lavons-nous
lavez-vous

Imperativo
lávate
lávese
lavémonos
lavaos
lávense

Imperative
wash yourself
wash yourself
let us wash ourselves
wash yourselves
wash yourselves

Participe
Présent: se lavant
Passé: lavé

Participio
———————
lavado

Participle
Present: washing oneself
Past: washed

Gérondif
Présent: en se lavant
Passé: en s'étant lavé

Gerundio
Presente: lavándose
Pasado: habiéndose lavado

Gerundive
Present: washing oneself
Past: having washed oneself

Infinitif
Présent: se laver
Passé: s'être lavé

Infinitivo
Presente: lavarse
Pasado: haberse lavado

Infinitive
Present: to wash oneself
Past: to have washed oneself

Verbos en -IAR sin í acentuada

ETUDIER	ESTUDIAR	TO STUDY
Indicatif	*Indicativo*	**Indicative**
Présent	*Presente*	*Present*
j'étudie	estudio	I study
tu étudies	estudias	You study
il/elle étudie	estudia	He/she studies
nous étudions	estudiamos	We study
vous étudiez	estudiáis	You study
ils/elles étudient	estudian	They study
Subjonctif	*Subjuntivo*	**Subjunctive**
Présent	*Presente*	*Present*
que j'étudie	que estudie	that I may study
que tu étudies	que estudies	that you may study
qu'il/elle étudie	que estudie	that he/she may study
que nous étudiions	que estudiemos	that we may study
que vous étudiiez	que estudiéis	that you may study
qu'ils/elles étudient	que estudien	that they may study
Impératif	*Imperativo*	**Imperative**
étudie	estudia	study
	estudie	study
étudions	estudiemos	let us study
étudiez	estudiad	study
	estudien	study

Nota: Conjugados como — conjugués comme — conjugated like **estudiar**, **apreciar, apremiar, asociar, cambiar, entibiar, enturbiar, paliar, odiar, sitiar** y muchos otros — et beaucoup d'autres — and many others.

— *Todos estos verbos,* formados a partir de sustantivos o adjetivos con semiconsonante (premio, precio etc.) se conjugan sin traslado del acento hacia la i en las formas del presente. Los verbos **agriar** y **filiar** se conjugan con o sin í acentuada. Sobre **auxiliar, conciliar,** y **vidriar,** las autoridades no están de acuerdo, pero estos verbos se conjugan normalmente como **estudiar.**

— *Tous ces verbes,* formés a partir de substantifs ou d'adjectifs contenant la semi-consonne **i,** sont conjugués sans déplacerment de l'accent vers le **i** dans les formes du présent. Les verbes **agriar** et **filiar** sont conjugués avec ou sans **í** accentué. Au sujet des verbes **auxiliar, conciliar,** et **vidriar,** les autorités ne sont pas toutes du même avis, mais en général ces verbes sont conjugués comme **estudiar.**

— *All these verbs,* formed from nouns or adjectives containing a semi-consonantal **i,** are conjugated without shifting the stress to the **i** in present-tense forms. The verbs **agriar** and **filiar** are conjugated either with or without stressed **i.** The authorities are not all in agrrement over **auxiliar, conciliar,** and **vidriar,** but these verbs are usually conjugated like **estudiar.**

Verbos en -IAR con í acentuada

ENVOYER	ENVIAR	TO SEND
Indicatif	*Indicativo*	**Indicative**
Présent	*Presente*	*Present*
j'envoie	envío	I send
tu envoies	envías	You send
il/elle envoie	envía	He/she sends
nous envoyons	enviamos	We send
vous envoyez	enviáis	You send
ils/elles envoient	envían	They send
Subjonctif	*Subjuntivo*	**Subjunctive**
Présent	*Presente*	*Present*
que j'envoie	que envíe	that I may send
que tu envoies	que envíes	that you may send
qu'il/elle envoie	que envíe	that he/she may send
que nous envoyions	que enviemos	that we may send
que vous envoyiez	que enviéis	that you may send
qu'ils/elles envoient	que envíen	that they may send
Impératif	*Imperativo*	**Imperative**
envoie	envía	send
	envíe	send
envoyons	enviemos	let us send
envoyez	enviad	send
	envíen	send

Nota: Conjugados como — conjugués comme — conjugated like **enviar**: **criar** y **fiar** y sus derivados — et leurs dérivés — and their derivatives; también — également — also **aliar, amnistiar, ampliar, ansiar, arriar, ataviar, averiar, contrariar, descarriar, desvariar, extasiarse, guiar, hastiar, liar, piar, rociar, vaciar, variar,** y los verbos en — et les verbes en — and verbs in: **-friar, -grafiar, -piar, -viar.**
— *Estos verbos,* unos 40 en total, siguen el modelo de los verbos en **-ear**, al trasladar el acento hacia la primera vocal de la desinencia (en este caso, la í) en el singular y en la tercera persona del plural de las formas del presente.
— *Ces verbes,* quelque 40 en total, suivent le modèle des verbes en -ear en déplaçant l'accent vers la première voyelle de la désinence (dans ce cas, le i) au singulier et à la troisième personne du pluriel des formes du présent.
— *These verbs,* about 40 in number, follow the example of verbs with the **-ear** suffix in shifting the stress to the first vowel of the ending (in this case, the i) in the singular and the third personal plural of present-tense forms.

11 EVACUAR Verbos en -UAR

Verbos en -UAR sin ú acentuada

EVACUER
Indicatif
Présent
j'évacue
tu évacues
il/elle évacue
nous évacuons
vous évacuez
ils/elles évacuent

Subjonctif
Présent
que j'évacue
que tu évacues
qu'il/elle évacue
que nous évacuions
que vous évacuiez
qu'ils/elles évacuent

Impératif
évacue

évacuons
évacuez

EVACUAR
Indicativo
Presente
evacuo
evacuas
evacua
evacuamos
evacuáis
evacuan

Subjuntivo
Presente
que evacue
que evacues
que evacue
que evacuemos
que evacuéis
que evacuen

Imperativo
evacua
evacue
evacuemos
evacuad
evacuen

TO EVACUATE
Indicative
Present
I evacuate
You evacuate
He/she evacuates
We evacuate
You evacuate
They evacuate

Subjunctive
Present
that I may evacuate
that you may evacuate
that he/she may evacua
that we may evacuate
that you may evacuate
that they may evacuate

Imperative
evacuate
evacuate
let us evacuate
evacuate
evacuate

Nota: Se conjugan como **evacuar**, es decir, sin traslado del acento hacia la **u**, l
pocos verbos en **-cuar** y **-guar** (para los verbos en -guar véase la sección
verbos con cambios ortográficos). <u>Sin embargo, m uchos hispanohablantes conjug
los verbos en -**cuar**, como **evacuar** y **licuar**, con **ú** acentuada como **actuar**.</u>
Note: Sont conjugués comme **evacuar**, c'est-à-dire sans déplacement de l'acce
vers le **u**, les quelques verbes en **-cuar** et -guar (pour les verbes en **-guar**, consult
la section des verbes avec changements orthographiques). <u>Pourtant beaucoup d'hi
panophones conjuguent les verbes en -**cuar**, tels que **evacuar** et **licuar**, avec
accentué comme **actuar**.</u>
Note: Conjugated like **evacuar**, that is, without shift of stress to the **u**, are t
few verbs in -**cuar** and -**guar** (for verbs in -**guar** see section of verbs wi
orthographical changes). <u>Many Spanish speakers, though,, conjugate verbs in -**cua**
such as **evacuar** and **licuar**,with stressed **ú** like **actuar**.</u>

66

Verbos en -UAR con ú acentuada

AGIR	ACTUAR	TO ACT
Indicatif	***Indicativo***	**Indicative**
Présent	*Presente*	*Present*
j'agis	actúo	I act
tu agis	actúas	You act
il/elle agit	actúa	He/she acts
nous agissons	actuamos	We act
vous agissez	actuáis	You act
ils/elles agissent	actúan	They act
Subjonctif	***Subjuntivo***	**Subjunctive**
Présent	*Presente*	*Present*
que j'agisse	que actúe	that I may act
que tu agisses	que actúes	that you may act
qu'il/elle agisse	que actúe	that he/she may act
que nous agissions	que actuemos	that we may act
que vous agissiez	que actuéis	that you may act
qu'ils/elles agissent	que actúen	that they may act
Impératif	***Imperativo***	**Imperative**
agis	actúa	act
	actúe	act
agissons	actuemos	let us act
agissez	actuad	act
	actúen	act

Nota: Se conjugan como **actuar** los verbos en **-uar** que no terminen en **-cuar** ni en **-guar:** p. ej. **continuar, evaluar, efectuar, graduar, insinuar, situar**.

Note: Sont conjugués comme **actuar** les verbes en -**uar** (sauf -**cuar** ou -**guar**) : p. ex. **continuar, evaluar, efectuar, graduar, insinuar, situar**.

Note: Conjugated like **actuar** are verbs in **-uar** (other than those in **-cuar** and **-guar**): eg. **continuar, evaluar, efectuar, graduar, insinuar, situar**.

Verbos con I o U acentuada en la raíz

ISOLER	AISLAR	TO ISOLATE
Indicatif	**Indicativo**	**Indicative**
Présent	*Presente*	*Present*
j'isole	aíslo	I isolate
tu isoles	aíslas	You isolate
il/elle isole	aísla	He/she isolates
nous isolons	aislamos	We isolate
vous isolez	aisláis	You isolate
ils/elles isolent	aíslan	They isolate
Subjonctif	**Subjuntivo**	**Subjunctive**
Présent	*Presente*	*Present*
que j'isole	que aísle	that I may isolate
que tu isoles	que aísles	that you may isolate
qu'il/elle isole	que aísle	that he/she may isolate
que nous isolions	que aislemos	that we may isolate
que vous isoliez	que aisléis	that you may isolate
qu'ils/elles isolent	que aíslen	that they may isolate
Impératif	**Imperativo**	**Imperative**
isole	aísla	isolate
	aísle	isolate
isolons	aislemos	let us isolate
isolez	aislad	isolate
	aíslen	isolate

REUNIR	REUNIR	TO JOIN
Indicatif	**Indicativo**	**Indicative**
Présent	*Presente*	*Present*
je réunis	reúno	I join
tu réunis	reúnes	You join
il/elle réunit	reúne	He/she joins
nous réunissons	reunimos	We join
vous réunissez	reunís	You join
ils/elles réunissent	reúnen	They join
Subjonctif	**Subjuntivo**	**Subjunctive**
Présent	*Presente*	*Present*
que je réunisse	que reúna	that I may join
que tu réunisses	que reúnas	that you may join
qu'il/elle réunisse	que reúna	that he/she may join
que nous réunissions	que reunamos	that we may join
que vous réunissiez	que reunáis	that you may join
qu'ils/elles réunissent	que reúnan	that they may join
Impératif	**Imperativo**	**Imperative**
réunis	reúne	join
	reúna	join
réunissons	reunamos	let us join
réunissez	reunid	join
	reúnan	join

INTERDIRE	PROHIBIR	TO FORBID
Indicatif	*Indicativo*	**Indicative**
Présent	*Presente*	*Present*
j'interdis	prohíbo	I forbid
tu interdis	prohíbes	You forbid
il/elle interdit	prohíbe	He/she forbids
nous interdisons	prohibimos	We forbid
vous interdites	prohibís	You forbid
ils/elles interdisent	prohíben	They forbid
Subjonctif	*Subjuntivo*	**Subjunctive**
Présent	*Presente*	*Present*
que j'interdise	que prohíba	that I may forbid
que tu interdises	que prohíbas	that you may forbid
qu'il/elle interdise	que prohíba	that he/she may forbid
que nous interdisions	que prohibamos	that we may forbid
que vous interdisiez	que prohibáis	that you may forbid
qu'ils/elles interdisent	que prohíban	that they may forbid
Impératif	*Imperativo*	**Imperative**
interdis	prohíbe	forbid
	prohíba	forbid
interdisons	prohibamos	let us forbid
interdites	prohibid	forbid
	prohíban	forbid

Nota: Algunos verbos cuyo radical contiene un diptongo que termina en i o en u deshacen este diptongo en las formas del presente, acentuando la i o la u. En tales casos la i o la u lleva acento escrito. Debe notarse que esta regla se aplica incluso en los casos en los que las vocales van separadas por una h en la forma escrita, ya que esta letra no se pronuncia.

Note: Plusieurs verbes dont le radical contient une diphtongue qui se termine par un i ou un u, défont cette diphtongue dans les formes du présent en accentuant le i ou le u. Dans ce cas le i ou le u est marqué par un accent écrit. Il faut noter que cette règle s'applique même dans les cas où les voyelles sont séparées par un h écrit, puisque cette lettre ne se prononce pas en espagnol.

Note: Some verbs whose root contains a diphthong ending in i or u separate it into two syllables in present-tense forms by stressing the i or the u. In such cases the i or u bears a written accent. Note that this rule applies even when the two vowels are separated by a written h, since this letter is not pronounced in Spanish.

Verbos que acentúan i/u — verbes avec i/u accentués— verbs with i/u accentuation:
ahijar, ahilar, ahincar, ahitar, ahumar, ahusar, amohinar, arcaizar, aullar, aunar, aupar, cohibir, desraizar, enraizar, europeizar, hebraizar, judaizar, maullar, prohijar, rehilar, sahumar. (Variable: **desahuciar**).

Verbos que no acentúan i/u — verbes sans i/u accentués — verbs without i/u accentuation: **adeudar, afeitar, amainar, causar, desenvainar, embaucar, encauzar, endeudarse, envainar, instaurar, peinar, reinar, recaudar, restaurar** (Variable: **desahuciar**).

Verbos regulares

con cambios ortográficos

**Verbes réguliers
avec changements
orthographiques**

**Regular Verbs
with orthographical
changes**

Verbos regulares en -CAR

CHERCHER
Indicatif
Présent
je cherche
tu cherches
il/elle cherche
nous cherchons
vous cherchez
ils/elles cherchent

Imparfait
je cherchais
tu cherchais
il/elle cherchait
nous cherchions
vous cherchiez
ils/elles cherchaient

Passé simple
je cherchai
tu cherchas
il/elle chercha
nous cherchâmes
vous cherchâtes
ils/elles cherchèrent

Futur simple
je chercherai
tu chercheras
il/elle cherchera
nous chercherons
vous chercherez
ils/elles chercheront

Conditionnel présent
je chercherais
tu chercherais
il/elle chercherait
nous chercherions
vous chercheriez
ils/elles chercheraient

Subjonctif
Présent
que je cherche
que tu cherches
qu'il/elle cherche
que nous cherchions
que vous cherchiez
qu'ils/elles cherchent

BUSCAR
Indicativo
Presente
busco
buscas
busca
buscamos
buscáis
buscan

Imperfecto
buscaba
buscabas
buscaba
buscábamos
buscabais
buscaban

Pretérito simple
busqué
buscaste
buscó
buscamos
buscasteis
buscaron

Futuro simple
buscaré
buscarás
buscará
buscaremos
buscaréis
buscarán

Potencial simple
buscaría
buscarías
buscaría
buscaríamos
buscaríais
buscarían

Subjuntivo
Presente
que busque
que busques
que busque
que busquemos
que busquéis
que busquen

TO SEARCH
Indicative
Present
I search
You search
He searches
We search
You search
They search

Past Descriptive
I searched
You searched
He/she searched
We searched
You searched
They searched

Past Absolute
I searched
You searched
He/she searched
We searched
You searched
They searched

Future
I will search
You will search
He/she will search
We will search
You will search
They will search

Conditional
I would search
You would search
He/she would search
We would search
You would search
They would search

Subjunctive
Present
that I may search
that you may search
that he/she may search
that we may search
that you may search
that they may search

16 BUSCAR — Cambios ortográficos

Imparfait	*Imperfecto I*	*Past*
que je cherchasse	que buscara	that I might search
que tu cherchasses	que buscaras	that you might search
qu'il/elle cherchât	que buscara	that he/she might search
que nous cherchassions	que buscáramos	that we might search
que vous cherchassiez	que buscarais	that you might search
qu'ils/elles cherchassent	que buscaran	that they might search

Imperfecto II
que buscase
que buscases
que buscase
que buscásemos
que buscaseis
que buscasen

Impératif	*Imperativo*	**Imperative**
cherche	busca	search
	busque	search
cherchons	busquemos	let us search
cherchez	buscad	search
	busquen	search

Participe	*Participio*	**Participle**
Présent: cherchant	————————	*Present:* searching
Passé: cherché	buscado	*Past:* searched

Gérondif	*Gerundio*	**Gerundive**
Présent: en cherchant	*Presente:* buscando	*Present:* searching
Passé: en ayant cherché	*Pasado:* habiendo buscado	*Past:* having searched

Infinitif	*Infinitivo*	**Infinitive**
Présent: chercher	*Presente:* buscar	*Present:* to search
Passé: avoir cherché	*Pasado:* haber buscado	*Past:* to have searched

---

Nota: Los verbos españoles en **-CAR** (**sacar, secar, picar, pecar, tocar** etc.) cambian la **c** a **qu** delante de **e**. El proceso inverso se da en **delinquir** que cambia **qu** a **c** ante **o** y **a**: (pres. ind.) **delinco**; (pres. subj.) **delinca, delincas** etc.

Note: Dans les verbes espagnols en **-CAR** (**sacar, secar, picar, pecar, tocar** etc.) le **c** se change en **qu** devant un **e**. **Delinquir** met en évidence le processus inverse en changeant le **qu** à un **c** devant un **o** ou un **a:** (prés. ind.) **delinco**; (prés. subj.) **delinca, delincas** etc.

Note: Spanish verbs in **-CAR** (**sacar, secar, picar, pecar, tocar** etc.) change **c** to **qu** before **e**. **Delinquir** shows the opposite tendency of changing **qu** to **c** before **o** and **a:** (pres. ind.) **delinco**; (pres. subj.) **delinca, delincas** etc.

Verbos regulares en -GAR

PAYER	PAGAR	TO PAY
Indicatif	*Indicativo*	**Indicative**
Présent	*Presente*	*Present*
je paie	pago	I pay
tu paies	pagas	You pay
il/elle paie	paga	He/she pays
nous payons	pagamos	We pay
vous payez	pagáis	You pay
ils/elles paient	pagan	They pay
Imparfait	*Imperfecto*	*Past Descriptive*
je payais	pagaba	I used to pay
tu payais	pagabas	You used to pay
il/elle payait	pagaba	He/she used to pay
nous payions	pagábamos	We used to pay
vous payiez	pagabais	You used to pay
ils/elles payaient	pagaban	They used to pay
Passé simple	*Pretérito simple*	*Past Absolute*
je payai	pagué	I paid
tu payas	pagaste	You paid
il/elle paya	pagó	He/she paid
nous payâmes	pagamos	We paid
vous payâtes	pagasteis	You paid
ils/elles payèrent	pagaron	They paid
Futur simple	*Futuro simple*	*Future*
je paierai	pagaré	I will pay
tu paieras	pagarás	You will pay
il/elle paiera	pagará	He/she will pay
nous paierons	pagaremos	We will pay
vous paierez	pagaréis	You will pay
ils/elles paieront	pagarán	They will pay
Conditionnel présent	*Potencial simple*	*Conditional*
je paierais	pagaría	I would pay
tu paierais	pagarías	You would pay
il/elle paierait	pagaría	He/she would pay
nous paierions	pagaríamos	We would pay
vous paieriez	pagaríais	You would pay
ils/elles paieraient	pagarían	They would pay
Subjonctif	*Subjuntivo*	**Subjunctive**
Présent	*Presente*	*Present*
que je paie	que pague	that I may pay
que tu paies	que pagues	that you may pay
qu'il/elle paie	que pague	that he/she may pay
que nous payions	que paguemos	that we may pay
que vous payiez	que paguéis	that you may pay
qu'ils/elles paient	que paguen	that they may pay

Imparfait	*Imperfecto I*	*Past*
que je payasse	que pagara	that I might pay
que tu payasses	que pagaras	that you might pay
qu'il/elle payât	que pagara	that he/she might pay
que nous payassions	que pagáramos	that we might pay
que vous payassiez	que pagarais	that you might pay
qu'ils/elles payassent	que pagaran	that they might pay

Imperfecto I
que pagase
que pagases
que pagase
que pagásemos
que pagaseis
que pagasen

Impératif	*Imperativo*	**Imperative**
paye	paga	pay
	pague	pay
payons	paguemos	let us pay
payez	pagad	pay
	paguen	pay

Participe	*Participio*	**Participle**
Présent: payant		*Present:* paying
Passé: payé	pagado	*Past:* paid

Gérondif	*Gerundio*	**Gerundive**
Présent: en payant	*Presente:* pagando	*Present:* paying
Passé: en ayant payé	*Pasado:* habiendo pagado	*Past:* having paid

Infinitif	*Infinitivo*	**Infinitive**
Présent: payer	*Presente:* pagar	*Present:* to pay
Passé: avoir payé	*Pasado:* haber pagado	*Past:* to have paid

Nota: Los verbos españoles en -GAR (**llegar, juzgar, delegar** etc.) cambian l
g a **gu** delante de **e**.   Los verbos franceses en -YER cambian la **y** a **i** delante de **e** n
acentuada   (p. ej. **employer, appuyer**), pero los verbos en -AYER (p. e
bégayer) conservan la **y**. **Payer** permite ambas opciones.

Note: Les verbes espagnols en -GAR (**llegar, juzgar, delegar** etc.) changent l
g à **gu** devant un **e**.   Les verbes français en -YER changent l'**y** en **i** devant un
muet (p. ex. **employer, appuyer**), mais les verbes en -AYER (p. ex. **bégayer**
conservent le **y**. **Payer** permet les deux options.

Note: Spanish verbs in -GAR (**llegar, juzgar, delegar** etc.) change **g** to **g**
before **e**.   French verbs in -YER change **y** to **i** before a non-accented   **e** (e
employer, appuyer),   but verbs in -AYER (eg. **bégayer**) keep the **y**.   **Paye**
allows both options.

DISTINGUIR 18

Verbos regulares en -GUIR

DISTINGUER	DISTINGUIR	TO DISTINGUISH
Indicatif	*Indicativo*	**Indicative**
Présent	*Presente*	*Present*
je distingue	distingo	I distinguish
tu distingues	distingues	You distinguish
il/elle distingue	distingue	He/she distinguishes
nous distinguons	distinguimos	We distinguish
vous distinguez	distinguís	You distinguish
ils/elles distinguent	distinguen	They distinguish
Passé simple	*Pretérito simple*	*Past Absolute*
je distinguai	distinguí	I distinguished
tu distinguas	distinguiste	You distinguished
il/elle distingua	distinguió	He/she distinguished
nous distinguâmes	distinguimos	We distinguished
vous distinguâtes	distinguisteis	You distinguished
ils/elles distinguèrent	distinguieron	They distinguished
Subjonctif	*Subjuntivo*	**Subjunctive**
Présent	*Presente*	*Present*
que je distingue	que distinga	that I may distinguish
que tu distingues	que distingas	that you may distinguish
qu'il/elle distingue	que distinga	that he/she may distinguish
que nous distinguions	que distingamos	that we may distinguish
que vous distinguiez	que distingáis	that you may distinguish
qu'ils/elles distinguent	que distingan	that they may distinguish
Impératif	*Imperativo*	**Imperative**
distingue	distingue	distinguish
	distinga	distinguish
distinguons	distingamos	let us distinguish
distinguez	distinguid	distinguish
	distingan	distinguish

Nota: Los verbos en -GUIR (**distinguir, extinguir**) cambian **gu** a **g** delante de **a** y **o** (pero para **seguir** y sus derivados, véanse los semirregulares).
Note: Les verbes en -GUIR (**distinguir, extinguir**) changent **gu** à **g** devant un **a** ou un **o** (mais pour **seguir** et ses dérivés, voir la section des semi-réguliers).
Note: Verbs in -GUIR (**distinguir, extinguir**) change **gu** to **g** before **a** or **o** (but for **seguir** and verbs derived from it, see semi-regular verbs).

Verbos regulares en -ZAR

EMBRASSER	ABRAZAR	TO HUG
Indicatif	*Indicativo*	**Indicative**

Présent / *Presente* / **Present**

j'embrasse	abrazo	I hug
tu embrasses	abrazas	You hug
il/elle embrasse	abraza	He/she hugs
nous embrassons	abrazamos	We hug
vous embrassez	abrazáis	You hug
ils/elles embrassent	abrazan	They hug

Imparfait / *Imperfecto* / **Past Descriptive**

j'embrassais	abrazaba	I used to hug
tu embrassais	abrazabas	You used to hug
il/elle embrassait	abrazaba	He/she used to hug
nous embrassions	abrazábamos	We used to hug
vous embrassiez	abrazabais	You used to hug
ils/elles embrassaient	abrazaban	They used to hug

Passé simple / *Pretérito simple* / **Past Absolute**

j'embrassai	abracé	I hugged
tu embrassas	abrazaste	You hugged
il/elle embrassa	abrazó	He/she hugged
nous embrassâmes	abrazamos	We hugged
vous embrassâtes	abrazasteis	You hugged
ils/elles embrassèrent	abrazaron	They hugged

Futur simple / *Futuro simple* / **Future**

j'embrasserai	abrazaré	I will hug
tu embrasseras	abrazarás	You will hug
il/elle embrassera	abrazará	He/she will hug
nous embrasserons	abrazaremos	We will hug
vous embrasserez	abrazaréis	You will hug
ils/elles embrasseront	abrazarán	They will hug

Conditionnel présent / *Potencial simple* / **Conditional**

j'embrasserais	abrazaría	I would hug
tu embrasserais	abrazarías	You would hug
il/elle embrasserait	abrazaría	He/she would hug
nous embrasserions	abrazaríamos	We would hug
vous embrasseriez	abrazaríais	You would hug
ils/elles embrasseraient	abrazarían	They would hug

| **Subjonctif** | *Subjuntivo* | **Subjunctive** |

Présent / *Presente* / **Present**

que j'embrasse	que abrace	that I may hug
que tu embrasses	que abraces	that you may hug
qu'il/elle embrasse	que abraces	that he/she may hug
que nous embrassions	que abracemos	that we may hug
que vous embrassiez	que abracéis	that you may hug
qu'ils/elles embrassent	que abracen	that they may hug

Imparfait	*Imperfecto I*	*Past*
que j'embrassasse	que abrazara	that I might hug
que tu embrassasses	que abrazaras	that you might hug
qu'il/elle embrassât	que abrazara	that he/she might hug
que nous embrassassions	que abrazáramos	that we might hug
que vous embrassassiez	que abrazarais	that you might hug
qu'ils/elles embrassassent	que abrazaran	that they might hug

Imperfecto I
que abrazase
que abrazases
que abrazase
que abrazásemos
que abrazaseis
que abrazasen

Impératif	*Imperativo*	**Imperative**
embrasse	abraza	hug
	abrace	hug
embrassons	abracemos	let us hug
embrassez	abrazad	hug
	abracen	hug

Participe	*Participio*	**Participle**
Présent: embrassant	——————	*Present:* hugging
Passé: embrassé	abrazado	*Past:* hugged

Gérondif	*Gerundio*	**Gerundive**
Présent: en embrassant	*Presente:* abrazando	*Present:* hugging
Passé: en ayant embrassé	*Pasado:* habiendo abrazado	*Past:* having hugged

Infinitif	*Infinitivo*	**Infinitive**
Présent: embrasser	*Presente:* abrazar	*Present:* to hug
Passé: avoir embrassé	*Pasado:* haber abrazado	*Past:* to have hugged

---

Nota: Los verbos españoles en -ZAR (**lanzar, cazar, rezar, danzar** etc.) cambian la **z** a **c** delante de **e.** Algunos como **comenzar** y **empezar** tienen diptongación del radical y pertenecen al grupo de los semirregulares.

Note: Les verbes espagnols en -ZAR (**lanzar, cazar, rezar, danzar** etc.) changent le **z** à un **c** devant un **e.** Certains comme **comenzar** y **empezar** ont une diphtongaison dans leur radical et appartiennent donc au groupe semi-régulier.

Note: Spanish verbs in -ZAR (**lanzar, cazar, rezar, danzar** etc.) change **z** to **c** before **e.** Some like **comenzar** y **empezar** show diphthongization in their root and thus belong to the semi-regular group.

Verbos regulares en -CER, -CIR

VAINCRE	VENCER	TO DEFEAT
Indicatif	*Indicativo*	**Indicative**

Présent	*Presente*	*Present*
je vaincs	venzo	I defeat
tu vaincs	vences	You defeat
il/elle vainc	vence	He/she defeats
nous vainquons	vencemos	We defeat
vous vainquez	vencéis	You defeat
ils/elles vainquent	vencen	They defeat

Imparfait	*Imperfecto*	*Past Descriptive*
je vainquais	vencía	I used to defeat
tu vainquais	vencías	You used to defeat
il/elle vainquait	vencía	He/she used to defeat
nous vainquions	vencíamos	We used to defeat
vous vainquiez	vencíais	You used to defeat
ils/elles vainquaient	vencían	They used to defeat

Passé simple	*Pretérito simple*	*Past Absolute*
je vainquis	vencí	I defeated
tu vainquis	venciste	You defeated
il/elle vainquit	venció	He/she defeated
nous vainquîmes	vencimos	We defeated
vous vainquîtes	vencisteis	You defeated
ils/elles vainquirent	vencieron	They defeated

Futur simple	*Futuro simple*	*Future*
je vaincrai	venceré	I will defeat
tu vaincras	vencerás	You will defeat
il/elle vaincra	vencerá	He/she will defeat
nous vaincrons	venceremos	We will defeat
vous vaincrez	venceréis	You will defeat
ils/elles vaincront	vencerán	They will defeat

Conditionnel présent	*Potencial simple*	*Conditional*
je vaincrais	vencería	I would defeat
tu vaincrais	vencerías	You would defeat
il/elle vaincrait	vencería	He/she would defeat
nous vaincrions	venceríamos	We would defeat
vous vaincriez	venceríais	You would defeat
ils/elles vaincraient	vencerían	They would defeat

Subjonctif	*Subjuntivo*	**Subjunctive**
Présent	*Presente*	*Present*
que je vainque	que venza	that I may defeat
que tu vainques	que venzas	that you may defeat
qu'il/elle vainque	que venza	thathe/she may defeat
que nous vainquions	que venzamos	that we may defeat
que vous vainquiez	que venzáis	that you may defeat
qu'ils/elles vainquent	que venzan	that they may defeat

Imparfait

que je vainquisse
que tu vainquisses
qu'il/elle vainquît
que nous vainquissions
que vous vainquissiez
qu'ils/elles vainquissent

Imperfecto I

que venciera
que vencieras
que venciera
que venciéramos
que vencierais
que vencieran

Past

that I might defeat
that you might defeat
that he/she might defeat
that we might defeat
that you might defeat
that they might defeat

Imperfecto II

que venciese   que venciésemos
que vencieses   que vencieseis
que venciese   que venciesen

Impératif

vaincs

vainquons
vainquez

Imperativo

vence
venza
venzamos
venced
venzan

Imperative

defeat
defeat
let us defeat
defeat
defeat

Participe

Présent: vainquant
Passé: vaincu

Participio

—————

vencido

Participle

Present: defeating
Past: defeated

Gérondif

Présent: en vainquant
Passé: en ayant vaincu

Gerundio

Presente: venciendo
Pasado: habiendo vencido

Gerundive

Present: defeating
Past: having defeated

Infinitif

Présent: vaincre
Passé: avoir vaincu

Infinitivo

Presente: vencer
Pasado: haber vencido

Infinitive

Present: to defeat
Past: to have defeated

Nota: Mecer y los verbos en -CER y -CIR precedidos de consonante (p.ej. **[con]vencer, ejercer, esparcir, zurcir**) son regulares y cambian la **c** a **z** delante de **a** u **o**. **Cocer** y **torcer** y sus derivados tienen el mismo cambio y, además, diptongación de la **o** en **ue** (ver semirregulares). Todos los verbos en -ECER (salvo **mecer**) y algunos en -OCER y en -ACER se conjugan como **parecer** (ver semirregulares). **Decir** y los verbos en -DUCIR son irregulares.

Note: Mecer et les verbes espagnols en -CER ou -CIR (p. ex. **[con]vencer, ejercer, esparcir, zurcir**) sont réguliers : le **c** se change en **z** devant un **a** ou un **o**. **Cocer** y **torcer** et leurs dérivés montrent le même phénomène et, en plus, la diphtongaison du **o** en **ue** (voir les semi-réguliers). Tous les verbes en -ECER (sauf **mecer**) et quelques-uns en -OCER et en -ACER se conjuguent comme **parecer** (voir les semi-réguliers). **Decir** et les verbes en -DUCIR sont irréguliers.

Note: Mecer and verbs in -CER or -CIR preceded by a consonant (eg. **[con]vencer, ejercer, esparcir, zurcir**) are regular and change **c** to **z** before **a** or **o**. **Cocer** y **torcer** and their derivatives show the same change, as well as diphthongization of **o** to **ue** (see semi-regular verbs). All verbs in -ECER (except **mecer**) and some in -OCER and -ACER are conjugated like **parecer** (see semi-regular verbs). **Decir** and verbs in -DUCIR are irregular.

Verbos regulares en -GER, -GIR

DIRIGER	DIRIGIR	TO DIRECT
Indicatif	*Indicativo*	**Indicative**
Présent	*Presente*	*Present*
je dirige	dirijo	I direct
tu diriges	diriges	You direct
il/elle dirige	dirige	He/she directs
nous dirigeons	dirigimos	We direct
vous dirigez	dirigís	You direct
ils/elles dirigent	dirigen	They direct
Imparfait	*Imperfecto*	*Past Descriptive*
je dirigeais	dirigía	I used to direct
tu dirigeais	dirigías	You used to direct
il/elle dirigeait	dirigía	He/she used to direct
nous dirigions	dirigíamos	We used to direct
vous dirigiez	dirigíais	You used to direct
ils/elles dirigeaient	dirigían	They used to direct
Passé simple	*Pretérito simple*	*Past Absolute*
je dirigeai	dirigí	I directed
tu dirigeas	dirigiste	You directed
il/elle dirigea	dirigió	He/she directed
nous dirigeâmes	dirigimos	We directed
vous dirigeâtes	dirigisteis	You directed
ils/elles dirigèrent	dirigieron	They directed
Futur simple	*Futuro simple*	*Future*
je dirigerai	dirigiré	I will direct
tu dirigeras	dirigirás	You will direct
il/elle dirigera	dirigirá	He/she will direct
nous dirigerons	dirigiremos	We will direct
vous dirigerez	dirigiréis	You will direct
ils/elles dirigeront	dirigirán	They will direct
Conditionnel présent	*Potencial simple*	*Conditional*
je dirigerais	dirigiría	I would direct
tu dirigerais	dirigirías	You would direct
il/elle dirigerait	dirigiría	He/she would direct
nous dirigerions	dirigiríamos	We would direct
vous dirigeriez	dirigiríais	You would direct
ils/elles dirigeraient	dirigirían	They would direct
Subjonctif	*Subjuntivo*	**Subjunctive**
Présent	*Presente*	*Present*
que je dirige	que dirija	that I may direct
que tu diriges	que dirijas	that you may direct
qu'il/elle dirige	que dirija	that he/she may direct
que nous dirigions	que dirijamos	that we may direct
que vous dirigiez	que dirijáis	that you may direct
qu'ils/elles dirigent	que dirijan	that they may direct

Imparfait
que je dirigeasse
que tu dirigeasses
qu'il/elle dirigeât
que nous dirigeassions
que vous dirigeassiez
qu'ils/elles dirigeassent

Imperfecto I
que dirigiera
que dirigieras
que dirigiera
que dirigiéramos
que dirigierais
que dirigieran

Imperfecto I
que dirigiese
que dirigieses
que dirigiese
que dirigiésemos
que dirigieseis
que dirigiesen

Past
that I might direct
that you might direct
that he/she might direct
that we might direct
that you might direct
that they might direct

Impératif
dirige

dirigeons
dirigez

Imperativo
dirige
dirija
dirijamos
dirigid
dirijan

Imperative
direct
direct
let us direct
direct
direct

Participe
Présent: dirigeant
Passé: dirigé

Participio
————
dirigido

Participle
Present: directing
Past: directed

Gérondif
Présent: en dirigeant
Passé: en ayant dirigé

Gerundio
Presente: dirigiendo
Pasado: habiendo dirigido

Gerundive
Present: directing
Past: having directed

Infinitif
Présent: diriger
Passé: avoir dirigé

Infinitivo
Presente: dirigir
Pasado: haber dirigido

Infinitive
Present: to direct
Past: to have directed

Nota: Todos los verbos en -GIR o -GER (p.ej. **coger, rugir, proteger**) cambian la g a j delante de a u o. Algunos verbos en -GIR (**regir, elegir**) cambian la vocal del radical, por lo cual se incluyen entre los verbos semirregulares.
Note: Tous les verbes en -GIR ou -GER (p.ex. **coger, rugir, proteger**) changent le g à un j devant un a ou un o. Quelques verbes en -GIR (**regir, elegir**) modifient la voyelle du radical et sont inclus par conséquent entre les verbes semi-réguliers.
Note: All verbs in -GIR or -GER (eg. **coger, rugir, proteger**) change g to j before a or o. Some verbs in -GIR (**regir, elegir**) change the stem vowel and are therefore included among the semi-regular verbs.

Verbos regulares en -GUAR

VERIFIER	AVERIGUAR	TO ASCERTAIN
Indicatif	*Indicativo*	**Indicative**
Présent	*Presente*	*Present*
je vérifie	averiguo	I ascertain
tu vérifies	averiguas	You ascertain
il/elle vérifie	averigua	He/she ascertains
nous vérifions	averiguamos	We ascertain
vous vérifiez	averiguáis	You ascertain
ils/elles vérifient	averiguan	They ascertain
Passé simple	*Pretérito simple*	*Past Absolute*
je vérifiai	averigüé	I ascertained
tu vérifias	averiguaste	You ascertained
il/elle vérifia	averiguó	He/she ascertained
nous vérifiâmes	averiguamos	We ascertained
vous vérifiâtes	averiguasteis	You ascertained
ils/elles vérifièrent	averiguaron	They ascertained
Subjonctif	*Subjuntivo*	**Subjunctive**
Présent	*Presente*	*Present*
que je vérifie	que averigüe	that I may ascertain
que tu vérifies	que averigües	that you may ascertain
qu'il/elle vérifie	que averigüe	that he/she may ascertain
que nous vérifiions	que averigüemos	that we may ascertain
que vous vérifiiez	que averigüéis	that you may ascertain
qu'ils/elles vérifient	que averigüen	that they may ascertain
Impératif	*Imperativo*	**Imperative**
vérifie	averigua	ascertain
	averigüe	ascertain
vérifions	averigüemos	let us ascertain
vérifiez	averiguad	ascertain
	averigüen	ascertain

Nota: Estos verbos cambian **gu** a **gü** delante de **e**, para conservar la misma pronunciación /gw/ a través de toda la conjugación. Como ejemplo se toma **averiguar**, dando sólo los tiempos pertinentes. Otros verbos en -GUAR son: **aguar, fraguar** y **menguar**.

Note: Ces verbes changent le **gu** à **gü** devant un **e**, pour conserver la même prononciation /gw/ à travers toute la conjugaison. Le verbe **averiguar** est donné à titre d'exemple, mais seulement les temps pertinents. D'autres verbes en -GUAR sont: **aguar, fraguar** y **menguar**.

Note: These verbs change **gu** to **gü** before **e**, to maintain the same pronunciation /gw/ throughout the conjugation. The verb **averiguar** is given as an example, but only the relevant tenses. Other verbs in -GUAR are: **aguar, fraguar** y **menguar**.

TAÑER 23

Verbos en -ÑER

JOUER(d'un instrument)	TAÑER	TO PLAY (an instrument)
Indicatif	*Indicativo*	**Indicative**
Passé simple	*Pretérito simple*	*Past Absolute*
je jouai	tañí	I played
tu jouas	tañiste	You played
il/elle joua	tañó	He/she played
nous jouâmes	tañimos	We played
vous jouâtes	tañisteis	You played
ils/elles jouèrent	tañeron	They played
Subjonctif	*Subjuntivo*	**Subjunctive**
Imparfait	*Imperfecto I*	*Past*
que je jouasse	que tañera	that I might play
que tu jouasses	que tañeras	that you might play
qu'il/elle jouât	que tañera	that he/she might play
que nous jouassions	que tañéramos	that we might play
que vous jouassiez	que tañerais	that you might play
qu'ils/elles jouassent	que tañeran	that they might play
	Imperfecto II	
	que tañese	
	que tañeses	
	que tañese	
	que tañésemos	
	que tañeseis	
	que tañesen	
Gérondif	*Gerundio*	**Gerundive**
Présent: en jouant	*Presente:* tañendo	*Present:* playing

Nota: En estos verbos la **i** inicial no acentuada de algunas desinencias desaparece al entrar en contacto con la **ñ** de la raíz (el mismo fenómeno se produce con verbos en -**ñir** [conj. 24], o cuyo radical termina en **ll** o **j**). Sólo los tiempos pertinentes se presentan aquí.

Note: Dans ces verbes le **i** initial non accentué de quelques désinences disparaît en contact avec le **ñ** de la racine (le même phénomène se produit dans les verbes en -**ñir** [conj. 24] et dans ceux dont le radical se termine par **ll** ou **j**). Seuls les temps pertinents sont présentés ici.

Note: In these verbs the unstressed **i** in some endings is deleted when it comes into contact with the **ñ** of the root (the same happens in verbs in -**ñir** [conj. 24], or with roots ending in **ll** or **j**). Only tenses affected are given here.

Verbos en -ÑIR

TEINDRE	TEÑIR	TO DYE
Indicatif	*Indicativo*	**Indicative**
Présent	*Presente*	*Present*
je teins	tiño	I dye
tu teins	tiñes	You dye
il/elle teint	tiñe	He/she dyes
nous teignons	teñimos	We dye
vous teignez	teñís	You dye
ils/elles teignent	tiñen	They dye
Passé simple	*Pretérito simple*	*Past Absolute*
je teignis	teñí	I dyed
tu teignis	teñiste	You dyed
il/elle teignit	tiñó	He/she dyed
nous teignîmes	teñimos	We dyed
vous teignîtes	teñisteis	You dyed
ils/elles teignirent	tiñeron	They dyed
Subjonctif	*Subjuntivo*	**Subjunctive**
Imparfait	*Imperfecto I*	*Past*
que je teignisse	que tiñera	that I might dye
que tu teignisses	que tiñeras	that you might dye
qu'il/elle teignît	que tiñera	that he/she might dye
que nous teignissions	que tiñéramos	that we might dye
que vous teignissiez	que tiñerais	that you might dye
qu'ils/elles teignissent	que tiñeran	that they might dye
	Imperfecto II	
	que tiñese	
	que tiñésemos	
	que tiñeseis	
	que tiñeseis	
	que tiñeses	
	que tiñesen	
Gérondif	*Gerundio*	**Gerundive**
Présent: en teignant	*Presente:* tiñendo	*Present:* dyeing

Nota: En estos verbos la **i** inicial no acentuada de algunas desinencias desaparece al entrar en contacto con la **ñ** del radical (el mismo fenómeno se produce con verbos cuya raíz termina en **ll** o **j**). Los verbos cuyo radical contiene una **e** (como **ceñir, reñir, teñir**) son semirregulares por el cierre vocálico: **e —> i**.

Note: Dans ces verbes le **i** initial non accentué de quelques désinences disparaît en contact avec le **ñ** du radical (le même phénomène se produit dans les verbes dont la racine se termine par **ll** ou **j**). Les verbes dont le radical contient un **e** (tels que **ceñir, reñir, teñir**) sont semi-réguliers à cause de leur fermeture vocalique: **e —> i**.

Note: In these verbs the unstressed **i** in some endings is deleted when it comes into contact with the **ñ** of the root (the same happens in verbs with roots ending in **ll** or **j**). Verbs which have an **e** in their root (like **ceñir, reñir, teñir**) are semi-regular because of **e —> i** vowel closure.

Verbos en -LLIR

RAMOLLIR	MULLIR	TO SOFTEN
Indicatif	*Indicativo*	**Indicative**
Passé simple	*Pretérito simple*	*Past Absolute*
je ramollis	mullí	I softened
tu ramollis	mulliste	You softened
il/elle ramollit	mulló	He/she softened
nous ramollîmes	mullimos	We softened
vous ramollîtes	mullisteis	You softened
ils/elles ramollirent	mulleron	They softened

Subjonctif	*Subjuntivo*	**Subjunctive**
Imparfait	*Imperfecto I*	*Past*
que je ramollisse	que mullera	that I might soften
que tu ramollisses	que mulleras	that you might soften
qu'il/elle ramollît	que mullera	that he/she might soften
que nous ramollissions	que mulléramos	that we might soften
que vous ramollissiez	que mullerais	that you might soften
qu'ils/elles ramollissent	que mulleran	that they might soften

Imperfecto II
que mullese
que mulleses
que mullese
que mullésemos
que mulleseis
que mullesen

Gérondif	*Gerundio*	**Gerundive**
Présent: en ramollissant	*Presente:* mullendo	*Present:* softening

Nota: En estos verbos la **i** inicial no acentuada de algunas desinencias desaparece al entrar en contacto con la **ll** de la raíz (el mismo fenómeno se produce con verbos cuyo radical termina en **ñ** o **j**). Sólo los tiempos pertinentes se presentan aquí. Otros verbos en -LLIR son: **bullir, escabullirse, tullir** y **zambullir.**

Note: Dans ces verbes le **i** initial non accentué de quelques désinences disparaît en contact avec le **ll** de la racine (le même phénomène se produit dans les verbes dont le radical se termine par **ñ** ou **j**). Seuls les temps pertinents sont présentés ici. D'autres verbes en -LLIR sont: **bullir, escabullirse, tullir** et **zambullir.**

Note: In these verbs the unstressed **i** in some endings is deleted when it comes into contact with the **ll** of the root (the same happens in verbs with roots ending in **ñ** or **j**). Only tenses affected are given here. Other verbs in -LLIR are: **bullir, escabullirse, tullir** and **zambullir.**

Verbos semirregulares

Verbes semi-réguliers   **Semi-regular Verbs**

Cambio vocálico E -> IE

FERMER	CERRAR	TO CLOSE
Indicatif	*Indicativo*	**Indicative**
Présent	*Presente*	*Present*
je ferme	cierro	I close
tu fermes	cierras	You close
il/elle ferme	cierra	He/she closes
nous fermons	cerramos	We close
vous fermez	cerráis	You close
ils/elles ferment	cierran	They close
Imparfait	*Imperfecto*	*Past Descriptive*
je fermais	cerraba	I used to close
tu fermais	cerrabas	You used to close
il/elle fermait	cerraba	He/she used to close
nous fermions	cerrábamos	We used to close
vous fermiez	cerrabais	You used to close
ils/elles fermaient	cerraban	They used to close
Passé simple	*Pretérito simple*	*Past Absolute*
je fermai	cerré	I closed
tu fermas	cerraste	You closed
il/elle ferma	cerró	He/she closed
nous fermâmes	cerramos	We closed
vous fermâtes	cerrasteis	You closed
ils/elles fermèrent	cerraron	They closed
Futur simple	*Futuro simple*	*Future*
je fermerai	cerraré	I will close
tu fermeras	cerrarás	You will close
il/elle fermera	cerrará	He/she will close
nous fermerons	cerraremos	We will close
vous fermerez	cerraréis	You will close
ils/elles fermeront	cerrarán	They will close
Conditionnel présent	*Potencial simple*	*Conditional*
je fermerais	cerraría	I would close
tu fermerais	cerrarías	You would close
il/elle fermerait	cerraría	He/she would close
nous fermerions	cerraríamos	We would close
vous fermeriez	cerraríais	You would close
ils/elles fermeraient	cerrarían	They would close
Subjonctif	*Subjuntivo*	**Subjunctive**
Présent	*Presente*	*Present*
que je ferme	que cierre	that I may close
que tu fermes	que cierres	that you may close
qu'il/elle ferme	que cierre	that he/she may close
que nous fermions	que cerremos	that we may close
que vous fermiez	que cerréis	that you may close
qu'ils/elles ferment	que cierren	that they may close

26 CERRAR Verbos semirregulares

Imparfait	*Imperfecto I*	*Past*
que je fermasse	que cerrara	that I might close
que tu fermasses	que cerraras	that you might close
qu'il/elle fermât	que cerrara	that he/she might close
que nous fermassions	que cerráramos	that we might close
que vous fermassiez	que cerrarais	that you might close
qu'ils/elles fermassent	que cerraran	that they might close

Imperfecto I

que cerrase	que cerrásemos
que cerrases	que cerraseis
que cerrase	que cerrasen

Impératif	*Imperativo*	**Imperative**
ferme	cierra	close
	cierre	close
fermons	cerremos	let us close
fermez	cerrad	close
	cierren	close

Participe	*Participio*	**Participle**
Présent: fermant	————	*Present:* closing
Passé: fermé	cerrado	*Past:* closed

Gérondif	*Gerundio*	**Gerundive**
Présent: en fermant	*Presente:* cerrando	*Present:* closing
Passé: en ayant fermé	*Pasado:* habiendo cerrado	*Past:* having closed

Infinitif	*Infinitivo*	**Infinitive**
Présent: fermer	*Presente:* cerrar	*Present:* to close
Passé: avoir fermé	*Pasado:* haber cerrado	*Past:* to have closed

Nota: Se conjugan como **cerrar** con **e > ie** muchos verbos en -AR y -ER,
cernir, concernir, discernir y hendir (éstos no tienen el cierre de **e > i** con
sentir). **Errar** constituye un caso especial porque transforma la **i** inicial d
diptongo en **y** (**yerro, yerras** etc.) y en partes de Latinoamérica es regular (**err
erras** etc.) **Aferrar** se conjuga sea como **cerrar,** sea sin diptongo.

Note: Conjugués comme **cerrar** avec **e > ie**, beaucoup de verbes en -AR et -ER,
cernir, concernir, discernir y hendir (ceux-ci ne ferment pas le **e** à **i** comm
sentir). **Errar** constitue un cas spécial parce qu'il transforme le **i** initial de
diptongue en **y** (**yerro, yerras** etc.) et dans une partie de l'Amérique latine il e
régulier (**erro, erras** etc.) **Aferrar** se conjugue avec ou sans diphtongue.

Note: Conjugated like **cerrar** with **e> ie**, many verbs in -AR and - ER, ar
cernir, concernir, discernir y hendir (the latter do not close **e** to **i** like **sentir**
Errar constitutes a special case since it changes the initial **i** of the diphthor
to **y** (**yerro, yerras** etc.) and in parts of Latin America it is regular (**err
erras** etc.) **Aferrar** is either like **cerrar** or regular (without diphthong).

Ejemplos—exemples—examples: **comenzar, empezar, encender, entende
negar, perder** etc. (véase el índice de verbos — voir l'index des verbes — see ve
index.)

Cambio vocálico O -> UE

COMPTER	CONTAR	TO COUNT
Indicatif	*Indicativo*	**Indicative**

Présent	*Presente*	*Present*
je compte	cuento	I count
tu comptes	cuentas	You count
il/elle compte	cuenta	He/she counts
nous comptons	contamos	We count
vous comptez	contáis	You count
ils/elles comptent	cuentan	They count

Imparfait	*Imperfecto*	*Past Descriptive*
je comptais	contaba	I used to count
tu comptais	contabas	You used to count
il/elle comptait	contaba	He/she used to count
nous comptions	contábamos	We used to count
vous comptiez	contabais	You used to count
ils/elles comptaient	contaban	They used to count

Passé simple	*Pretérito simple*	*Past Absolute*
je comptai	conté	I counted
tu comptas	contaste	You counted
il/elle compta	contó	He/she counted
nous comptâmes	contamos	We counted
vous comptâtes	contasteis	You counted
ils/elles comptèrent	contaron	They counted

Futur simple	*Futuro simple*	*Future*
je compterai	contaré	I will count
tu compteras	contarás	You will count
il/elle comptera	contará	He/she will count
nous compterons	contaremos	We will count
vous compterez	contaréis	You will count
ils/elles compteront	contarán	They will count

Conditionnel présent	*Potencial simple*	*Conditional*
je compterais	contaría	I would count
tu compterais	contarías	You would count
il/elle compterait	contaría	He/she would count
nous compterions	contaríamos	We would count
vous compteriez	contaríais	You would count
ils/elles compteraient	contarían	They would count

Subjonctif
Présent
que je compte
que tu comptes
qu'il/elle compte
que nous comptions
que vous comptiez
qu'ils/elles comptent

Imparfait
que je comptasse
que tu comptasses
qu'il/elle comptât
que nous comptassions
que vous comptassiez
qu'ils/elles comptassent

Subjuntivo
Presente
que cuente
que cuentes
que cuente
que contemos
que contéis
que cuenten

Imperfecto I
que contara
que contaras
que contara
que contáramos
que contarais
que contaran

Imperfecto I
que contase   que contásemos
que contases   que contaseis
que contase   que contasen

Subjunctive
Present
that I may count
that you may count
that he/she may count
that we may count
that you may count
that they may count

Past
that I might count
that you might count
that he/she might count
that we might count
that you might count
that they might count

Impératif
compte

comptons
comptez

Imperativo
cuenta
cuente
contemos
contad
cuenten

Imperative
count
count
let us count
count
count

Participe
Présent: comptant
Passé: compté

Participio
contado

Participle
Present: counting
Past: counted

Gérondif
Présent: en comptant
Passé: en ayant compté

Gerundio
Presente: contando
Pasado: habiendo contado

Gerundive
Present: counting
Past: having counted

Infinitif
Présent: compter
Passé: avoir compté

Infinitivo
Presente: contar
Pasado: haber contado

Infinitive
Present: to count
Past: to have counted

Nota: *Se conjugan como* **contar** con **o>ue** muchos verbos en -AR y -ER - *Conjugués comme* **contar** avec **o>ue**, beaucoup de verbes en -AR et -ER - *Conjugated like* **contar** with **o>ue**, many verbs in -AR and -ER: **colgar, llove morder, mostrar, oler, resolver, rogar, sonar, torcer, volar** etc. (véase índice de verbos — voir l'index des verbes — see verb index). En el caso de **ol** una **h** se antepone a **ue** — dans le cas de **oler**, le **ue** est précédé d'un **h** — **oler** tak an **h** before **ue**: **huelo, hueles huela** etc. **Avergonzar, degollar, desvergonzar** tienen - ont - have: **o > üe**.

Cambio vocálico U -> UE

JOUER
Indicatif
Présent
je joue
tu joues
il/elle joue
nous jouons
vous jouez
ils/elles jouent

Passé simple
je jouai
tu jouas
il/elle joua
nous jouâmes
vous jouâtes
ils/elles jouèrent

Subjonctif
Présent
que je joue
que tu joues
qu'il/elle joue
que nous jouions
que vous jouiez
qu'ils/elles jouent

Imparfait
que je jouasse
que tu jouasses
qu'il/elle jouât
que nous jouassions
que vous jouassiez
qu'ils/elles jouassent

Impératif
joue

jouons
jouez

JUGAR
Indicativo
Presente
juego
juegas
juega
jugamos
jugáis
juegan

Pretérito simple
jugué
jugaste
jugó
jugamos
jugasteis
jugaron

Subjuntivo
Presente
que juegue
que juegues
que juegue
que juguemos
que jugueis
que jueguen

Imperfecto I
que jugara
que jugaras
que jugara
que jugáramos
que jugarais
que jugaran

Imperativo
juega
juegue
juguemos
jugad
jueguen

TO PLAY
Indicative
Present
I play
You play
He/she plays
We play
You play
They play

Past Absolute
I played
You played
He/she played
We played
You played
They played

Subjunctive
Present
that I may play
that you may play
that he/she may play
that we may play
that you may play
that they may play

Past
that I might play
that you might play
that he/she might play
that we might play
that you might play
that they might play

Imperative
play
play
let us play
play
play

Nota: Se conjuga como **contar** pero en la raíz tiene **u** en vez de **o**.
Note: Conjugué comme **contar** mais présente un **u** dans la racine au lieu d'un **o**.
Note: Conjugated like **contar** but with **u** in the root instead of an **o**.

Cambio y cierre vocálicos E -> IE y E -> I

SENTIR	SENTIR	TO FEEL
Indicatif	*Indicativo*	**Indicative**

Présent	*Presente*	*Present*
je sens	siento	I feel
tu sens	sientes	You feel
il/elle sent	siente	He/she feels
nous sentons	sentimos	We feel
vous sentez	sentís	You feel
ils/elles sentent	sienten	They feel

Imparfait	*Imperfecto*	*Past Descriptive*
je sentais	sentía	I used to feel
tu sentais	sentías	You used to feel
il/elle sentait	sentía	He/she used to feel
nous sentions	sentíamos	We used to feel
vous sentiez	sentíais	You used to feel
ils/elles sentaient	sentían	They used to feel

Passé simple	*Pretérito simple*	*Past Absolute*
je sentis	sentí	I felt
tu sentis	sentiste	You felt
il/elle sentit	sintió	He/she felt
nous sentîmes	sentimos	We felt
vous sentîtes	sentisteis	You felt
ils/elles sentirent	sintieron	They felt

Futur simple	*Futuro simple*	*Future*
je sentirai	sentiré	I will feel
tu sentiras	sentirás	You will feel
il/elle sentira	sentirá	He/she will feel
nous sentirons	sentiremos	We will feel
vous sentirez	sentiréis	You will feel
ils/elles sentiront	sentirán	They will feel

Conditionnel présent	*Potencial simple*	*Conditional*
je sentirais	sentiría	I would feel
tu sentirais	sentirías	You would feel
il/elle sentirait	sentiría	He/she would feel
nous sentirions	sentiríamos	We would feel
vous sentiriez	sentiríais	You would feel
ils/elles sentiraient	sentirían	They would feel

Subjonctif	*Subjuntivo*	**Subjunctive**
Présent	*Presente*	*Present*
que je sente	que sienta	that I may feel
que tu sentes	que sientas	that you may feel
qu'il/elle sente	que sienta	that he/she may feel
que nous sentions	que sintamos	that we may feel
que vous sentiez	que sintáis	that you may feel
qu'ils/elles sentent	que sientan	that they may feel

Imparfait	*Imperfecto I*	*Past*
que je sentisse	que sintiera	that I might feel
que tu sentisses	que sintieras	that you might feel
qu'il/elle sentît	que sintiera	that he/she might feel
que nous sentissions	que sintiéramos	that we might feel
que vous sentissiez	que sintierais	that you might feel
qu'ils/elles sentissent	que sintieran	that they might feel

Imperfecto I
que sintiese	que sintiésemos
que sintieses	que sintieseis
que sintiese	que sintiesen

Impératif	*Imperativo*	**Imperative**
sens	siente	feel
	sienta	feel
sentons	sintamos	let us feel
sentez	sentid	feel
	sientan	feel

Participe	*Participio*	**Participle**
Présent: sentant	——	*Present:* feeling
Passé: senti	sentido	*Past:* felt

Gérondif	*Gerundio*	**Gerundive**
Présent: en sentant	*Presente:* sintiendo	*Present:* feeling
Passé: en ayant senti	*Pasado:* habiendo sentido	*Past:* having felt

Infinitif	*Infinitivo*	**Infinitive**
Présent: sentir	*Presente:* sentir	*Present:* to feel
Passé: avoir senti	*Pasado:* haber sentido	*Past:* to have felt

Nota: La diptongación y el cierre vocálico en un mismo verbo son característicos de la tercera conjugación en -IR. Como **sentir** se conjugan **preferir, herir, advertir, mentir, arrepentirse** etc. y los verbos en **-querir** y **-quirir (i > ie, i)** tales como **requerir, inquirir**. **Erguir(se)** se conjuga sea como **sentir** (cambiando e a **ye: yergo, yergues; yerga** etc.) sea (con menos frecuencia) como **seguir (irgo, irgues; irga** etc.)

Note: La diphtongaison et la fermeture vocalique sont caractéristiques de la troisième conjugaison en -IR. Sont conjugués comme **sentir: preferir, herir, advertir, mentir, arrepentirse** etc. et les verbes en **-querir** y **-quirir (i > ie, i)** tels que **requerir, inquirir**. **Erguir(se)** est conjugué soit comme **sentir** (en changeant le e à **ye: yergo, yergues; yerga** etc.) soit (moins fréquemment) comme **seguir (irgo, irgues; irga** etc.)

Note: Diphthongization and vowel closure in a single verb characterize the third conjugation in -IR. Conjugated like **sentir** are **preferir, herir, advertir, mentir, arrepentirse** etc. and verbs in **-querir** y **-quirir (i > ie, i)** such as **requerir, inquirir**. **Erguir(se)** is conjugated either like **sentir** (changing e to **ye: yergo, yergues; yerga** etc.) or (less frequently) like **seguir (irgo, irgues; irga** etc.

Cambio y cierre vocálicos　O -> UE　y　O-> U

DORMIR	DORMIR	TO SLEEP
Indicatif	*Indicativo*	**Indicative**
Présent	*Presente*	*Present*
je dors	duermo	I sleep
tu dors	duermes	You sleep
il/elle dort	duerme	He/she sleeps
nous dormons	dormimos	We sleep
vous dormez	dormís	You sleep
ils/elles dorment	duermen	They sleep
Imparfait	*Imperfecto*	*Past Descriptive*
je dormais	dormía	I used to sleep
tu dormais	dormías	You used to sleep
il/elle dormait	dormía	He/she used to sleep
nous dormions	dormíamos	We used to sleep
vous dormiez	dormíais	You used to sleep
ils/elles dormaient	dormían	They used to sleep
Passé simple	*Pretérito simple*	*Past Absolute*
je dormis	dormí	I slept
tu dormis	dormiste	You slept
il/elle dormit	durmió	He/she slept
nous dormîmes	dormimos	We slept
vous dormîtes	dormisteis	You slept
ils/elles dormirent	durmieron	They slept
Futur simple	*Futuro simple*	*Future*
je dormirai	dormiré	I will sleep
tu dormiras	dormirás	You will sleep
il/elle dormira	dormirá	He/she will sleep
nous dormirons	dormiremos	We will sleep
vous dormirez	dormiréis	You will sleep
ils/elles dormiront	dormirán	They will sleep
Conditionnel présent	*Potencial simple*	*Conditional*
je dormirais	dormiría	I would sleep
tu dormirais	dormirías	You would sleep
il/elle dormirait	dormiría	He/she would sleep
nous dormirions	dormiríamos	We would sleep
vous dormiriez	dormiríais	You would sleep
ils/elles dormiraient	dormirían	They would sleep
Subjonctif	*Subjuntivo*	**Subjunctive**
Présent	*Presente*	*Present*
que je dorme	que duerma	that I may sleep
que tu dormes	que duermas	that you may sleep
qu'il/elle dorme	que duerma	that he/she may sleep
que nous dormions	que durmamos	that we may sleep
que vous dormiez	que durmáis	that you may sleep
qu'ils/elles dorment	que duerman	that they may sleep

Imparfait
que je dormisse
que tu dormisses
qu'il/elle dormît
que nous dormissions
que vous dormissiez
qu'ils/elles dormissent

Imperfecto I
que durmiera
que durmieras
que durmiera
que durmiéramos
que durmierais
que durmieran

Past
that I might sleep
that you might sleep
that he/she might sleep
that we might sleep
that you might sleep
that they might sleep

Imperfecto I
que durmiese
que durmieses
que durmiese
que durmiésemos
que durmieseis
que durmiesen

Impératif
dors

dormons
dormez

Imperativo
duerme
duerma
durmamos
dormid
duerman

Imperative
sleep
sleep
let us sleep
sleep
sleep

Participe
Présent: dormant
Passé: dormi

Participio
———
dormido

Participle
Present: sleeping
Past: slept

Gérondif
Présent: en dormant
Passé: en ayant dormi

Gerundio
Presente: durmiendo
Pasado: habiendo dormido

Gerundive
Present: sleeping
Past: having slept

Infinitif
Présent: dormir
Passé: avoir dormi

Infinitivo
Presente: dormir
Pasado: haber dormido

Infinitive
Present: to sleep
Past: to have slept

Nota: La diptongación (**o>ue**) y el cierre vocálico (**o>u**) se presentan en sólo dos verbos en -IR: como **dormir** se conjuga **morir**. Ningún verbo tiene sólo el cierre **o>u** (sin diptongación), pero hay fluctuación entre **o** y **u** en el infinitivo del verbo **podrir-pudrir,** conjugado con **u** excepto por el participio, que es **podrido.**
Note: Il n'y a que deux verbes en -IR qui se conjuguent avec diphtongaison (**o>ue**) et fermeture vocalique (**o>u**) : comme **dormir** se conjugue **morir.** Aucun verbe ne présente seule la fermeture vocalique **o>u** (sans diphtongaison), mais le **o** alterne avec le **u** dans la forme infinitive **podrir-pudrir**, et même si ce verbe se conjugue avec un **u,** son participe passé est **podrido.**
Note: Diphthongization (**o>ue**) and vowel closure (**o>u**) are found together in only two verbs in -IR: conjugated like **dormir** is **morir.** No verb shows just vowel closure **o>u** (without diphthongization), but **o** alternates with **u** in the infinitive **podrir-pudrir,** and though the verb is conjugated with **u,** the past participle is **podrido.**

Cierre vocálico E -> I

DEMANDER	PEDIR	TO ASK (FOR)
Indicatif	*Indicativo*	**Indicative**

Présent / *Presente* / *Present*

je demande	pido	I ask
tu demandes	pides	You ask
il/elle demande	pide	He/she asks
nous demandons	pedimos	We ask
vous demandez	pedís	You ask
ils/elles demandent	piden	They ask

Imparfait / *Imperfecto* / *Past Descriptive*

je demandais	pedía	I used to ask
tu demandais	pedías	You used to ask
il/elle demandait	pedía	He/she used to ask
nous demandions	pedíamos	We used to ask
vous demandiez	pedíais	You used to ask
ils/elles demandaient	pedían	They used to ask

Passé simple / *Pretérito simple* / *Past Absolute*

je demandai	pedí	I asked
tu demandas	pediste	You asked
il/elle demanda	pidió	He/she asked
nous demandâmes	pedimos	We asked
vous demandâtes	pedisteis	You asked
ils/elles demandèrent	pidieron	They asked

Futur simple / *Futuro simple* / *Future*

je demanderai	pediré	I will ask
tu demanderas	pedirás	You will ask
il/elle demandera	pedirá	He/she will ask
nous demanderons	pediremos	We will ask
vous demanderez	pediréis	You will ask
ils/elles demanderont	pedirán	They will ask

Conditionnel présent / *Potencial simple* / *Conditional*

je demanderais	pediría	I would ask
tu demanderais	pedirías	You would ask
il/elle demanderait	pediría	He/she would ask
nous demanderions	pediríamos	We would ask
vous demanderiez	pediríais	You would ask
ils/elles demanderaient	pedirían	They would ask

Subjonctif
Présent
que je demande
que tu demandes
qu'il/elle demande
que nous demandions
que vous demandiez
qu'ils/elles demandent

Imparfait
que je demandasse
que tu demandasses
qu'il/elle demandât
que nous demandassions
que vous demandassiez
qu'ils/elles demandassent

Subjuntivo
Presente
que pida
que pidas
que pida
que pidamos
que pidáis
que pidan

Imperfecto I
que pidiera
que pidieras
que pidiera
que pidiéramos
que pidierais
que pidieran

Imperfecto I
que pidiese
que pidieses
que pidiese
que pidiésemos
que pidieseis
que pidiesen

Subjunctive
Present
that I may ask
that you may ask
that he/she may ask
that we may ask
that you may ask
that they may ask

Past
that I might ask
that you might ask
that he/she might ask
that we might ask
that you might ask
that they might ask

Impératif
demande

demandons
demandez

Imperativo
pide
pida
pidamos
pedid
pidan

Imperative
ask
ask
let us ask
ask
ask

Participe
Présent: demandant
Passé: demandé

Participio
─────
pedido

Participle
Present: asking
Past: asked

Gérondif
Présent: en demandant
Passé: en ayant demandé

Gerundio
Presente: pidiendo
Pasado: habiendo pedido

Gerundive
Present: asking
Past: having asked

Infinitif
Présent: demander
Passé: avoir demandé

Infinitivo
Presente: pedir
Pasado: haber pedido

Infinitive
Present: to ask
Past: to have asked

Nota: *El cierre vocálico* es propio de los verbos en -IR. — *La fermeture vocalique* est caractéristique des verbes en -IR. — *Vowel closure* is characteristic of verbs in -IR. Conjugados como **pedir** — conjugués comme **pedir** — conjugated like **pedir**: **competir, repetir, elegir, gemir, medir, regir, rendir, servir.**

Cierre vocálico E -> I con Í acentuada

RIRE	REÍR	TO LAUGH
Indicatif	*Indicativo*	**Indicative**
Présent	*Presente*	*Present*
je ris	río	I laugh
tu ris	ríes	You laugh
il/elle rit	ríe	He/she laughs
nous rions	reímos	We laugh
vous riez	reís	You laugh
ils/elles rient	ríen	They laugh
Passé simple	*Pretérito simple*	*Past Absolute*
je ris	reí	I laughed
tu ris	reíste	You laughed
il/elle rit	rió *	He/she laughed
nous rîmes	reímos	We laughed
vous rîtes	reísteis	You laughed
ils/elles rirent	rieron	They laughed
Futur simple	*Futuro simple*	*Future*
je rirai	reiré	I will laugh
tu riras	reirás	You will laugh
il/elle rira	reirá	He/she will laugh
nous rirons	reiremos	We will laugh
vous rirez	reiréis	You will laugh
ils/elles riront	reirán	They will laugh
Subjonctif	*Subjuntivo*	**Subjunctive**
Présent	*Presente*	*Present*
que je rie	que ría	that I may laugh
que tu ries	que rías	that you may laugh
qu'il/elle rie	que ría	that he/she may laugh
que nous riions	que riamos	that we may laugh
que vous riiez	que riáis	that you may laugh
qu'ils/elles rient	que rían	that they may laugh
Gérondif	*Gerundio*	**Gerundive**
Présent: en riant	*Presente:* riendo	*Present:* laughing
Passé: en ayant ri	*Pasado:* habiendo reido	*Past:* having laughed
Infinitif	*Infinitivo*	**Infinitive**
Présent: rire	*Presente:* reír	*Present:* to laugh
Passé: avoir ri	*Pasado:* haber reído	*Past:* to have laughed

* Note el acento — notez l'accent — note the accent.

Nota: Reír se conjuga como **pedir** pero por tener un radical que termina en voca
lleva acento escrito en casos de hiato. — Reír se conjugue comme **pedir** mais du fa
que son radical se termine par une voyelle, il porte un accent écrit dans les cas d'hia
tus. — **Reír** is conjugated like **pedir** but, having a root ending in a vowel, it bears
written accent to maintain hiatus. *Conjugados como — conjugués comme — conjuga*
ed like reír: s**onreír, desleír, engreírse, freír** (part. irreg. **frito**).

Cierre vocálico E -> I y cambios ortográficos

SUIVRE	SEGUIR	TO FOLLOW
Indicatif	**Indicativo**	**Indicative**
Présent	*Presente*	*Present*
je suis	sigo	I follow
tu suis	sigues	You follow
il/elle suit	sigue	He/she follows
nous suivons	seguimos	We follow
vous suivez	seguís	You follow
ils/elles suivent	siguen	They follow
Passé simple	*Pretérito simple*	*Past Absolute*
je suivis	seguí	I followed
tu suivis	seguiste	You followed
il/elle suivit	siguió	He/she followed
nous suivîmes	seguimos	We followed
vous suivîtes	seguisteis	You followed
ils/elles suivirent	siguieron	They followed
Subjonctif	**Subjuntivo**	**Subjunctive**
Présent	*Presente*	*Present*
que je suive	que siga	that I may follow
que tu suives	que sigas	that you may follow
qu'il/elle suive	que siga	that he/she may follow
que nous suivions	que sigamos	that we may follow
que vous suiviez	que sigáis	that you may follow
qu'ils/elles suivent	que sigan	that they may follow
Imparfait	*Imperfecto I*	*Past*
que je suivisse	que siguiera	that I might follow
que tu suivisses	que siguieras	that you might follow
qu'il/elle suivît	que siguiera	that he/she might follow
que nous suivissions	que siguiéramos	that we might follow
que vous suivissiez	que siguierais	that you might follow
qu'ils/elles suivissent	que siguieran	that they might follow

Imperfecto II

siguiese, siguieses, siguieses, siguiésemos, siguieseis, siguiesen

Impératif	**Imperativo**	**Imperative**
suis	sigue	follow
	siga	follow
suivons	sigamos	let us follow
suivez	seguid	follow
	sigan	follow
Gérondif	**Gerundio**	**Gerundive**
Présent: en suivant	*Presente:* siguiendo	*Present:* following

Nota: SEGUIR y sus derivados se conjugan como **pedir** pero cambian **gu** a **g** delante de **a** y **o**. — SEGUIR et ses dérivés se conjuguent comme **pedir** mais changent le **gu** à un **g** devant un **a** ou un **o**. —SEGUIR and derivatives are like **pedir** but change **gu** to **g** before **a** or **o**.

34 PARECER

Refuerzo consonántico en C

PARAITRE
Indicatif

Présent
je parais
tu parais
il/elle paraît
nous paraissons
vous paraissez
ils/elles paraissent

Imparfait
je paraissais
tu paraissais
il/elle paraissait
nous paraissions
vous paraissiez
ils/elles paraissaient

Passé simple
je parus
tu parus
il/elle parut
nous parûmes
vous parûtes
ils/elles parurent

Futur simple
je paraîtrai
tu paraîtras
il/elle paraîtra
nous paraîtrons
vous paraîtrez
ils/elles paraîtront

Conditionnel présent
je paraîtrais
tu paraîtrais
il/elle paraîtrait
nous paraîtrions
vous paraîtriez
ils/elles paraîtraient

PARECER
Indicativo

Presente
parezco
pareces
parece
parecemos
parecéis
parecen

Imperfecto
parecía
parecías
parecía
parecíamos
parecíais
parecía

Pretérito simple
parecí
pareciste
pareció
parecimos
parecisteis
parecieron

Futuro simple
pareceré
parecerás
parecerá
pareceremos
pareceréis
parecerán

Potencial simple
parecería
parecerías
parecería
pareceríamos
pareceríais
parecerían

TO SEEM
Indicative

Present
I seem
You seem
He/she seems
We seem
You seem
They seem

Past Descriptive
I used to seem
You used to seem
He/she used to seem
We used to seem
You used to seem
They used to seem

Past Absolute
I seemed
You seemed
He/she seemed
We seemed
You seemed
They seemed

Future
I will seem
You will seem
He/she will seem
We will seem
You will seem
They will seem

Conditional
I would seem
You would seem
He/she would seem
We would seem
You would seem
They would seem

Subjonctif
Présent
que je paraisse
que tu paraisses
qu'il/elle paraisse
que nous paraissions
que vous paraissiez
qu'ils/elles paraissent
Imparfait
que je parusse
que tu parusses
qu'il/elle parût
que nous parussions
que vous parussiez
qu'ils/elles parussent

Subjuntivo
Presente
que parezca
que parezcas
que parezca
que parezcamos
que parezcáis
que parezcan
Imperfecto I
que pareciera
que parecieras
que pareciera
que pareciéramos
que parecierais
que parecieran
Imperfecto II
que pareciese   que pareciésemos
que parecieses   que parecieseis
que pareciese   que pareciesen

Subjunctive
Present
that I may seem
that you may seem
thathe/she may seem
that we may seem
that you may seem
that they may seem
Past
that I might seem
that you might seem
that he/she might seem
that we might seem
that you might seem
that they might seem

Impératif
parais

paraissons
paraissez

Imperativo
parece
parezca
parezcamos
pareced
parezcan

Imperative
seem
seem
let us seem
seem
seem

Participe
Présent: paraissant
Passé: paru

Participio

parecido

Participle
Present: seeming
Past: seemed

Gérondif
Présent: en paraissant
Passé: en ayant paru

Gerundio
Presente: pareciendo
Pasado: habiendo parecido

Gerundive
Present: seeming
Past: having seemed

Infinitif
Présent: paraître
Passé: avoir paru

Infinitivo
Presente: parecer
Pasado: haber parecido

Infinitive
Present: to seem
Past: to have seemed

Nota: Se conjugan como **parecer** todos los verbos en -ECER y **conocer, complacer, lucir, nacer y pacer** y sus derivados. Los verbos en -DUCIR siguen el mismo modelo, pero tienen formas pretéritas irregulares.
Note: Sont conjugués comme **parecer** tous les verbes en -ECER et **conocer, complacer, lucir, nacer y pacer** et leurs dérivés. Les verbes en -DUCIR suivent le même modèle mais ils ont des formes irrégulières au passé.
Note: Conjugated like **parecer** are all verbs in -ECER and **conocer, complacer, lucir, nacer y pacer** and their derivatives. Verbs in -DUCIR follow the same model but have irregular past forms.

Refuerzo consonántico en G

TOMBER	CAER	TO FALL
Indicatif	*Indicativo*	**Indicative**
Présent	*Presente*	*Present*
je tombe	caigo	I fall
tu tombes	caes	You fall
il/elle tombe	cae	He/she falls
nous tombons	caemos	We fall
vous tombez	caéis	You fall
ils/elles tombent	caen	They fall
Imparfait	*Imperfecto*	*Past Descriptive*
je tombais	caía	I used to fall
tu tombais	caías	You used to fall
il/elle tombait	caía	He/she used to fall
nous tombions	caíamos	We used to fall
vous tombiez	caíais	You used to fall
ils/elles tombaient	caía	They used to fall
Passé simple	*Pretérito simple*	*Past Absolute*
je tombai	caí	I fell
tu tombas	caiste	You fell
il/elle tomba	cayó	He/she fell
nous tombâmes	caimos	We fell
vous tombâtes	caisteis	You fell
ils/elles tombèrent	cayeron	They fell
Futur simple	*Futuro simple*	*Future*
je tomberai	caeré	I will fall
tu tomberas	caerás	You will fall
il/elle tombera	caerá	He/she will fall
nous tomberons	caeremos	We will fall
vous tomberez	caeréis	You will fall
ils/elles tomberont	caerán	They will fall
Conditionnel présent	*Potencial simple*	*Conditional*
je tomberais	caería	I would fall
tu tomberais	caerías	You would fall
il/elle tomberait	caería	He/she would fall
nous tomberions	caeríamos	We would fall
vous tomberiez	caeríais	You would fall
ils/elles tomberaient	caerían	They would fall
Subjonctif	*Subjuntivo*	**Subjunctive**
Présent	*Presente*	*Present*
que je tombe	que caiga	that I may fall
que tu tombes	que caigas	that you may fall
qu'il/elle tombe	que caiga	that he/she may fall
que nous tombions	que caigamos	that we may fall
que vous tombiez	que caigáis	that you may fall
qu'ils/elles tombent	que caigan	that they may fall

Imparfait	*Imperfecto I*	*Past*
que je tombasse	que cayera	that I might fall
que tu tombasses	que cayeras	that you might fall
qu'il/elle tombât	que cayera	that he/she might fall
que nous tombassions	que cayéramos	that we might fall
que vous tombassiez	que cayerais	that you might fall
qu'ils/elles tombassent	que cayeran	that they might fall

Imperfecto II

que cayese	que cayésemos
que cayeses	que cayeseis
que cayese	que cayesen

Impératif
tombe

tombons
tombez

Imperativo
cae
caiga
caigamos
caed
caigan

Imperative
fall
fall
let us fall
fall
fall

Participe
Présent: tombant
Passé: tombé

Participio
———————
caído

Participle
Present: falling
Past: fallen

Gérondif
Présent: en tombant
Passé: en étant tombé

Gerundio
Presente: cayendo
Pasado: habiendo caído

Gerundive
Present: falling
Past: having fallen

Infinitif
Présent: tomber
Passé: être tombé

Infinitivo
Presente: caer
Pasado: haber caído

Infinitive
Present: to fall
Past: to have fallen

Nota: Tienen refuerzo en **g** como **caer**: **asir** (aunque están cayendo en desuso las formas **asgo, asga, asgas** etc.), **oír, raer**[1] y los verbos irregulares **poner, salir, tener, valer, venir** y sus derivados, caracterizados por sus futuros irregulares y apócope del imperativo de "tú" (**pon, sal, ten, val, ven**).

Note: Les verbes suivants ajoutent un **g** comme **caer**: **asir** (bien que les formes **asgo, asga, asgas** etc. tendent à disparaître), **oír, raer**[1] et les verbes irréguliers **poner, salir, tener, valer, venir** et leurs dérivés, caractérisés par leur futur irrégulier et la forme raccourcie de l'impératif de "tú" (**pon, sal, ten, val, ven**).

Note: Like **caer**, the following verbs have **g** reinforcement: **asir** (although the forms **asgo, asga, asgas** etc. are falling into disuse), **oír, raer**[1] and the irregular verbs **poner, salir, tener, valer, venir** and their derivatives, characterized by irregular future forms and shortened "tú" imperative (**pon, sal, ten, val, ven**).

1 Tiene formas alternativas (sin **g**) de empleo esporádico — A des formes alternatives (sans **g**) d'emploi sporadique — Has sporadically-used alternative forms (without **g**): 1ª pers. pres. indic. **rayo**; pres. subj. **raya, rayas** etc.

Refuerzo consonántico en Y

CONSTRUIRE	CONSTRUIR	TO BUILD
Indicatif	*Indicativo*	**Indicative**
Présent	*Presente*	*Present*
je construis	construyo	I build
tu construis	construyes	You build
il/elle construit	construye	He/she builds
nous construisons	construimos	We build
vous construisez	construís	You build
ils/elles construisent	construyen	They build
Imparfait	*Imperfecto*	*Past Descriptive*
je construisais	construía	I used to build
tu construisais	construías	You used to build
il/elle construisait	construía	He/she used to build
nous construisions	construíamos	We used to build
vous construisiez	construíais	You used to build
ils/elles construisaient	construían	They used to build
Passé simple	*Pretérito simple*	*Past Absolute*
je construisis	construí	I built
tu construisis	construiste	You built
il/elle construisit	construyó	He/she built
nous construisîmes	construimos	We built
vous construisîtes	construisteis	You built
ils/elles construisirent	construyeron	They built
Futur simple	*Futuro simple*	*Future*
je construirai	construiré	I will build
tu construiras	construirás	You will build
il/elle construira	construirá	He/she will build
nous construirons	construiremos	We will build
vous construirez	construiréis	You will build
ils/elles construiront	construirán	They will build
Conditionnel présent	*Potencial simple*	*Conditional*
je construirais	construiría	I would build
tu construirais	construirías	You would build
il/elle construirait	construiría	He/she would build
nous construirions	construiríamos	We would build
vous construiriez	construiríais	You would build
ils/elles construiraient	construirían	They would build
Subjonctif	*Subjuntivo*	**Subjunctive**
Présent	*Presente*	*Present*
que je construise	que construya	that I may build
que tu construises	que construyas	that you may build
qu'il/elle construise	que construya	that he/she may build
que nous construisions	que construyamos	that we may build
que vous construisiez	que construyáis	that you may build
qu'ils/elles construisent	que construyan	that they may build

Imparfait
que je construisisse
que tu construisisses
qu'il/elle construisît
que nous construisissions
que vous construisissiez
qu'ils/elles construisissent

Imperfecto I
que construyera
que construyeras
que construyera
que construyéramos
que construyerais
que construyeran

Past
that I might build
that you might build
that he/she might build
that we might build
that you might build
that they might build

Imperfecto I
que construyese
que construyeses
que construyese
que construyésemos
que construyeseis
que construyesen

Impératif
construis

construisons
construisez

Imperativo
construye
construya
construyamos
construid
construyan

Imperative
build
build
let us build
build
build

Participe
Présent: construisant
Passé: construit

Participio
────────
construido

Participle
Present: buildng
Past: built

Gérondif
Présent: en construisant
Passé: en ayant construit

Gerundio
Presente: construyendo
Pasado: habiendo construido

Gerundive
Present: building
Past: having built

Infinitif
Présent: construire
Passé: avoir construit

Infinitivo
Presente: construir
Pasado: haber construido

Infinitive
Present: to build
Past: to have built

Nota: Como **construir** se conjugan todos los verbos en **-uir,** y **argüir,** que tiene diéresis cuando la **ü** va seguido de una **i** (p. ej. **arguyo,** pero **argüimos, argüí)** para conservar la pronunciación /gw/.

Note: Comme **construir** se conjuguent tous les verbes en **-uir,** et **argüir,** qui porte un tréma quand le **ü** est suivi d'un **i** (p. ex. **arguyo,** mais **argüimos, argüí)** pour conserver la prononciation /gw/.

Note: Conjugated like **construir** are all verbs in **-uir,** and **argüir,** which bears a diaeresis when the **ü** is followed by an **i** (eg. **arguyo,** but **argüimos, argüí)** to preserve the pronunciation /gw/.

Verbos en -EER: cambio de I -> Y

CROIRE	CREER	TO BELIEVE
Indicatif	*Indicativo*	**Indicative**
Présent	*Presente*	*Present*
je crois	creo	I sell
tu crois	crees	You believe
il/elle croit	cree	He/she believes
nous croyons	creemos	We believe
vous croyez	creéis	You believe
ils/elles croient	creen	They believe
Passé simple	*Pretérito simple*	*Past Absolute*
je crus	creí	I believed
tu crus	creíste	You believed
il/elle crut	creyó	He/she believed
nous crûmes	creímos	We believed
vous crûtes	creísteis	You believed
ils/elles crurent	creyeron	They believed
Subjonctif	*Subjuntivo*	**Subjunctive**
Imparfait	*Imperfecto I*	*Past*
que je crusse	que creyera	that I might believe
que tu crusses	que creyeras	that you might believe
qu'il/elle crût	que creyera	that he/she might believe
que nous crussions	que creyéramos	that we might believe
que vous crussiez	que creyerais	that you might believe
qu'ils/elles crussent	que creyeran	that they might believe
	Imperfecto II	

creyese, creyeses, creyese, creyésemos, creyeseis, creyesen

Participe	*Participio*	**Participle**
Présent: croyant	————	*Present:* believing
Passé: cru	creído	*Past:* believed
Gérondif	*Gerundio*	**Gerundive**
Présent: en croyant	*Presente:* creyendo	*Present:* believing
Passé: en ayant cru	*Pasado:* habiendo creído	*Past:* having believed

Nota: La i no acentuada del español se convierte en la consonante y cuando se sitúa entre dos vocales cuando inicia una palabra (p.ej. en la conjugación de **errar** y **erguir**). Aunque esta regla es perfectame general, se presentan las formas pertinentes de **creer** aquí, a título de comparación con **construir** y los ot verbos en **-uir.**

Note: Le i inaccentué de l'espagnol se transforme en la consonne y quand il se trouve entre deux voyelles au début du mot (voir p.ex. la conjugaison de **errar** et **erguir**). Bien que cette règle soit parfaitem générale, les formes pertinentes de **creer** sont présentées ici à titre de comparaison avec **construir** et les aut verbes en **-uir.**

Note: Unstressed i in Spanish becomes the consonant y when it comes between two vowels or at beginning of a word (see for example the conjugation of **errar** and **erguir**). Though this rule is perfec general, the pertinent forms of **creer** are given here by way of comparison with **construir** and other verb **-uir.**

Conjugados como - conjugués comme - conjugated like **creer: leer, poseer, proveer.**

Verbos irregulares

Verbes irréguliers   **Irregular Verbs**

MARCHER	ANDAR	TO WALK
Indicatif	*Indicativo*	**Indicative**

Présent	*Presente*	*Present*
je marche	ando	I walk
tu marches	andas	You walk
il/elle marche	anda	He/she walks
nous marchons	andamos	We walk
vous marchez	andáis	You walk
ils/elles marchent	andan	They walk

Imparfait	*Imperfecto*	*Past Descriptive*
je marchais	andaba	I used to walk
tu marchais	andabas	You used to walk
il/elle marchait	andaba	He/she used to walk
nous marchions	andábamos	We used to walk
vous marchiez	andabais	You used to walk
ils/elles marchaient	andaban	They used to walk

Passé simple	*Pretérito simple*	*Past Absolute*
je marchai	anduve	I walked
tu marchas	anduviste	you walked
il/elle marcha	anduvo	he/she walked
nous marchâmes	anduvimos	we walked
vous marchâtes	anduvisteis	you walked
ils/elles marchèrent	anduvieron	they walked

Futur simple	*Futuro simple*	*Future*
je marcherai	andaré	I will walk
tu marcheras	andarás	you will walk
il/elle marchera	andará	he/she will walk
nous marcherons	andaremos	we will walk
vous marcherez	andaréis	you will walk
ils/elles marcheront	andarán	they will walk

Conditionnel présent	*Potencial simple*	*Conditional*
je marcherais	andaría	I would walk
tu marcherais	andarías	You would walk
il/elle marcherait	andaría	He/she would walk
nous marcherions	andaríamos	We would walk
vous marcheriez	andaríais	You would walk
ils/elles marcheraient	andarían	They would walk

38 ANDAR right**Verbos irregulares**

Subjonctif

Présent
que je marche
que tu marches
qu'il/elle marche
que nous marchions
que vous marchiez
qu'ils/elles marchent

Imparfait
que je marchasse
que tu marchasses
qu'il/elle marchât
que nous marchassions
que vous marchassiez
qu'ils/elles marchassent

Subjuntivo

Presente
que ande
que andes
que ande
que andemos
que andéis
que anden

Imperfecto I
que anduviera
que anduvieras
que anduviera
que anduviéramos
que anduvierais
que anduvieran

Imperfecto II
que anduviese
que anduvieses
que anduviese
que anduviésemos
que anduvieseis
que anduviesen

Subjunctive

Present
that I may walk
that you may walk
that he/she may walk
that we may walk
that you may walk
that they may walk

Past
that I might walk
that you might walk
that he/she might walk
that we might walk
that you might walk
that they might walk

Impératif
marche

marchons
marchez

Imperativo
anda
ande
andemos
andad
anden

Imperative
walk
walk
let us walk
walk
walk

Participe
Présent: marchant
Passé: marché

Participio
—————
andado

Participle
Present: walking
Past: walked

Gérondif
Présent: en marchant
Passé: en ayant marché

Gerundio
Presente: andando
Pasado: habiendo andado

Gerundive
Present: walking
Past: having walked

Infinitif
Présent: marcher
Passé: avoir marché

Infinitivo
Presente: andar
Pasado: haber andado

Infinitive
Present: to walk
Past: to have walked

Nota: Como - comme - like **andar: desandar.**

ENTRER [1]
Indicatif

Présent
j'entre
tu entres
il/elle entre
nous entrons
vous entrez
ils/elles entrent

Imparfait
j'entrais
tu entrais
il/elle entrait
nous entrions
vous entriez
ils/elles entraient

Passé simple
j'entrai
tu entras
il/elle entra
nous entrâmes
vous entrâtes
ils/elles entrèrent

Futur simple
j'entrerai
tu entreras
il/elle entrera
nous entrerons
vous entrerez
ils/elles entreront

Conditionnel présent
j'entrerais
tu entrerais
il/elle entrerait
nous entrerions
vous entreriez
ils/elles entreraient

CABER
Indicativo

Presente
quepo
cabes
cabe
cabemos
cabéis
caben

Imperfecto
cabía
cabías
cabía
cabíamos
cabíais
cabían

Pretérito simple
cupe
cupiste
cupo
cupimos
cupisteis
cupieron

Futuro simple
cabré
cabrás
cabrá
cabremos
cabréis
cabrán

Potencial simple
cabría
cabrías
cabría
cabríamos
cabríais
cabrían

TO FIT [2]
Indicative

Present
I fit
You fit
He/she fits
We fit
You fit
They fit

Past Descriptive
I used to fit
You used to fit
He/she used to fit
We used to fit
You used to fit
They used to fit

Past absolute
I fitted
you fitted
He/she fitted
We fitted
You fitted
They fitted

Future
I will fit
You will fit
He/she will fit
We will fit
You will fit
They will fit

Conditional
I would fit
You would fit
He/she would fit
We would fit
You would fit
They would fit

---

1. Traduction approximative ; **caber** signifie : "entrer dans un espace déterminé".
2. Approximate translation; **caber** means:"to fit in(to) a certain space".

Subjonctif

Présent
que j'entre
que tu entres
qu'il/elle entre
que nous entrions
que vous entriez
qu'ils/elles entrent

Imparfait
que j'entrasse
que tu entrasses
qu'il/elle entrât
que nous entrassions
que vous entrassiez
qu'ils/elles entrassent

Subjuntivo

Presente
que quepa
que quepas
que quepa
que quepamos
que quepáis
que quepan

Imperfecto I
que cupiera
que cupieras
que cupiera
que cupiéramos
que cupierais
que cupieran

Imperfecto II
que cupiese
que cupieses
que cupiese
que cupiésemos
que cupieseis
que cupiesen

Subjunctive

Present
that I may fit
that you may fit
that he/she may fit
that we may fit
that you may fit
that they may fit

Past
that I might fit
that you might fit
that he/she might fit
that we might fit
that you might fit
that they might fit

Impératif
entre

entrons
entrez

Imperativo
cabe
quepa
quepamos
cabed
quepan

Imperative
fit
fit
let us fit
fit
fit

Participe
Présent: entrant
Passé: entré

Participio

———

Pasado: cabido

Participle
Present: fitting
Past: fitted

Gérondif
Présent: en entrant
Passé: en étant entré

Gerundio
Presente: cabiendo
Pasado: habiendo cabido

Gerundive
Present: fitting
Past: having fitted

Infinitif
Présent: entrer
Passé: être entré

Infinitivo
Presente: caber
Pasado: haber cabido

Infinitive
Present: to fit
Past: to have fitted

CONDUIRE
Indicatif

Présent
je conduis
tu conduis
il/elle conduit
nous conduisons
vous conduisez
ils/elles conduisent

Imparfait
je conduisais
tu conduisais
il/elle conduisait
nous conduisions
vous conduisiez
ils/elles conduisaient

Passé simple
je conduisis
tu conduisis
il/elle conduisit
nous conduisîmes
vous conduisîtes
ils/elles conduisirent

Futur simple
je conduirai
tu conduiras
il/elle conduira
nous conduirons
vous conduirez
ils/elles conduiront

Conditionnel présent
je conduirais
tu conduirais
il/elle conduirait
nous conduirions
vous conduiriez
ils/elles conduiraient

CONDUCIR
Indicativo

Presente
conduzco
conduces
conduce
conducimos
conducís
conducen

Imperfecto
conducía
conducías
conducía
conducíamos
conducíais
conducían

Pretérito simple
conduje
condujiste
condujo
condujimos
condujisteis
condujeron

Futuro simple
conduciré
conducirás
conducirá
conduciremos
conduciréis
conducirán

Potencial simple
conduciría
conducirías
conduciría
conduciríamos
conduciríais
conducirían

TO DRIVE
Indicative

Present
I drive
You drive
He/she drives
We drive
You drive
They drive

Past Descriptive
I used to drive
You used to drive
He/she used to drive
We used to drive
You used to drive
They used to drive

Past absolute
I drove
You drove
He/she drove
We drove
You drove
They drove

Future
I will drive
You will drive
He/she will drive
We will drive
You will drive
They will drive

Conditional
I would drive
You would drive
He/she would drive
We would drive
You would drive
They would drive

Subjonctif	Subjuntivo	Subjunctive
Présent	**Presente**	**Present**
que je conduise	que conduzca	that I may drive
que tu conduises	que conduzcas	that you may drive
qu'il/elle conduise	que conduzca	that he/she may drive
que nous conduisions	que conduzcamos	that we may drive
que vous conduisiez	que conduzcáis	that you may drive
qu'ils/elles conduisent	que conduzcan	that they may drive
Imparfait	**Imperfecto I**	**Past**
que je conduisisse	que condujera	that I might drive
que tu conduisisses	que condujeras	that you might drive
qu'il/elle conduisît	que condujera	that he/she might drive
que nous conduisissions	que condujéramos	that we might drive
que vous conduisissiez	que condujerais	that you might drive
qu'ils/elles conduisissent	que condujeran	that they might drive
	Imperfecto II	
	que condujese	
	que condujeses	
	que condujese	
	que condujésemos	
	que condujeseis	
	que condujesen	

Impératif	Imperativo	Imperative
conduis	conduce	drive
	conduzca	drive
conduisons	conduzcamos	let us drive
conduisez	conducid	drive
	conduzcan	drive

Participe	Participio	Participle
Présent: conduisant	———————-	*Present:* driving
Passé: conduit	*Pasado:* conducido	*Past:* driven

Gérondif	Gerundio	Gerundive
Présent: en conduisant	*Presente:* conduciendo	*Present:* driving
Passé: en ayant conduit	*Pasado:* habiendo conducido	*Past:* having driven

Infinitif	Infinitivo	Infinitive
Présent: conduire	*Presente:* conducir	*Present:* to drive
Passé: avoir conduit	*Pasado:* haber conducido	*Past:* to have driven

Note: Se conjugan como **conducir** todos los verbos en -DUCIR — Comm **conducir** se conjuguent tous les verbes en -DUCIR — Like **conducir** a conjugated all verbs in -DUCIR. *Ejemplos - exemples - examples:* **aducir, deduci inducir, introducir, producir, reducir, reproducir, seducir, traducir.**

DONNER

Indicatif

Présent
je donne
tu donnes
il/elle donne
nous donnons
vous donnez
ils/elles donnent

Imparfait
je donnais
tu donnais
il/elle donnait
nous donnions
vous donniez
ils/elles donnaient

Passé simple
je donnai
tu donnas
il/elle donna
nous donnâmes
vous donnâtes
ils/elles donnèrent

Futur simple
je donnerai
tu donneras
il/elle donnera
nous donnerons
vous donnerez
ils/elles donneront

Conditionnel présent
je donnerais
tu donnerais
il/elle donnerait
nous donnerions
vous donneriez
ils/elles donneraient

DAR

Indicativo

Presente
doy
das
da
damos
dais
dan

Imperfecto
daba
dabas
daba
dábamos
dabais
daban

Pretérito simple
di
diste
dio
dimos
disteis
dieron

Futuro simple
daré
darás
dará
daremos
daréis
darán

Potencial simple
daría
darías
daría
daríamos
daríais
darían

TO GIVE

Indicative

Present
I give
You give
He/she gives
We give
You give
They give

Past Descriptive
I used to give
You used to give
He/she used to give
We used to give
You used to give
They used to give

Past Absolute
I gave
you gave
he/she gave
we gave
you gave
they gave

Future
I will give
you will give
he/she will give
we will give
you will give
they will give

Conditional
I would give
You would give
He/she would give
We would give
You would give
They would give

Subjonctif	*Subjuntivo*	**Subjunctive**
Présent	*Presente*	*Present*
que je donne	que dé *	that I may give
que tu donnes	que des	that you may give
qu'il/elle donne	que dé *	that he/she may give
que nous donnions	que demos	that we may give
que vous donniez	que deis	that you may give
qu'ils/elles donnent	que den	that they may give
Imparfait	*Imperfecto I*	*Past*
que je donnasse	que diera	that I might give
que tu donnasses	que dieras	that you might give
qu'il/elle donnât	que diera	that he/she might give
que nous donnassions	que diéramos	that we might give
que vous donnassiez	que dierais	that you might give
qu'ils/elles donnassent	que dieran	that they might give
	Imperfecto II	
	que diese	
	que dieses	
	que diese	
	que diésemos	
	que dieseis	
	que diesen	

Impératif	*Imperativo*	**Imperative**
donne	da	give
	dé *	give
donnons	demos	let us give
donnez	dad	give
	den	give

Participe	*Participio*	**Participle**
Présent: donnant	——	*Present:* giving
Passé: donné	dado	*Past:* given

Gérondif	*Gerundio*	**Gerundive**
Présent: en donnant	*Presente:* dando	*Present:* giving
Passé: en ayant donné	*Pasado:* habiendo dado	*Past:* having given

Infinitif	*Infinitivo*	**Infinitive**
Présent: donner	*Presente:* dar	*Present:* to give
Passé: avoir donné	*Pasado:* haber dado	*Past:* to have given

---

* El acento sirve para distinguir estas formas verbales de la preposición **de.** — L'accent sert à distinguer ces formes verbales de la préposition **de.** — The acce distinguishes these verb forms from the preposition **de.**

DIRE

Indicatif

Présent
je dis
tu dis
il/elle dit
nous disons
vous dites
ils/elles disent

Imparfait
je disais
tu disais
il/elle disait
nous disions
vous disiez
ils/elles disaient

Passé simple
je dis
tu dis
il/elle dit
nous dîmes
vous dîtes
ils/elles dirent

Futur simple
je dirai
tu diras
il/elle dira
nous dirons
vous direz
ils/elles diront

Conditionnel présent
je dirais
tu dirais
il/elle dirait
nous dirions
vous diriez
ils/elles diraient

DECIR

Indicativo

Presente
digo
dices
dice
decimos
decis
dicen

Imperfecto
decía
decías
decía
decíamos
decíais
decían

Pretérito simple
dije
dijiste
dijo
dijimos
dijisteis
dijeron

Futuro simple
diré
dirás
dirá
diremos
diréis
dirán

Potencial simple
diría
dirías
diría
diríamos
diríais
dirían

TO SAY

Indicative

Present
I say
You say
He/she says
We say
You say
They say

Past Descriptive
I used to say
You used to say
He/she used to say
We used to say
You used to say
They used to say

Past absolute
I said
You said
He/she said
We said
You said
They said

Future
I will say
You will say
He/she will say
We will say
You will say
They will say

Conditional
I would say
You would say
He/she would say
We would say
You would say
They would say

Subjonctif	Subjuntivo	Subjunctive
Présent	*Presente*	*Present*
que je dise	que diga	that I may say
que tu dises	que digas	that you may say
qu'il/elle dise	que diga	that he/she may say
que nous disions	que digamos	that we may say
que vous disiez	que digáis	that you may say
qu'ils/elles disent	que digan	that they may say
Imparfait	*Imperfecto I*	*Past*
que je disse	que dijera	that I might say
que tu disses	que dijeras	that you might say
qu'il/elle dît	que dijera	that he/she might say
que nous dissions	que dijéramos	that we might say
que vous dissiez	que dijerais	that you might say
qu'ils/elles dissent	que dijeran	that they might say

Imperfecto II

que dijese	que dijésemos
que dijeses	que dijeseis
que dijese	que dijesen

Impératif	Imperativo	Imperative
dis	di	say
	diga	say
disons	digamos	let us say
dites	decid	say
	digan	say

Participe	Participio	Participle
Présent: disant		*Present:* saying
Passé: dit	*Pasado:* dicho	*Past:* said

Gérondif	Gerundio	Gerundive
Présent: en disant	*Presente:* diciendo	*Present:* saying
Passé: en ayant dit	*Pasado:* habiendo dicho	*Past:* having said

Infinitif	Infinitivo	Infinitive
Présent: dire	*Presente:* decir	*Present:* to say
Passé: avoir dit	*Pasado:* haber dicho	*Past:* to have said

Nota: Como - comme - like **decir: contradecir, desdecir, entredeci** **predecir,** pero no - mais non pas - but not **bendecir** y **maldecir** (ver conjugación de este verbo más adelante - voir plus loin la conjugaison de ce derni verbe - see the conjugation of this last verb further on). Las formas popular **dijieron, dijiera** etc. se consideran incorrectas — les formes populair **dijieron, dijiera** etc. sont considérées comme incorrectes — the popular form **dijieron, dijiera** etc. are considered incorrect.

FAIRE
Indicatif

Présent
je fais
tu fais
il/elle fait
nous faisons
vous faites
ils/elles font

Imparfait
je faisais
tu faisais
il/elle faisait
nous faisions
vous faisiez
ils/elles faisaient

Passé simple
je fis
tu fis
il/elle fit
nous fîmes
vous fîtes
ils/elles firent

Futur simple
je ferai
tu feras
il/elle fera
nous ferons
vous ferez
ils/elles feront

Conditionnel présent
je ferais
tu ferais
il/elle ferait
nous ferions
vous feriez
ils/elles feraient

HACER
Indicativo

Presente
hago
haces
hace
hacemos
hacéis
hacen

Imperfecto
hacía
hacías
hacía
hacíamos
hacíais
hacían

Pretérito simple
hice
hiciste
hizo
hicimos
hicisteis
hicieron

Futuro simple
haré
harás
hará
haremos
haréis
harán

Potencial simple
haría
harías
haría
haríamos
haríais
harían

TO DO
Indicative

Present
I do
You do
He/she does
We do
You do
They do

Past Descriptive
I used to do
You used to do
He/she used to do
We used to do
You used to do
They used to do

Past absolute
I did
You did
He/she did
We did
You did
They did

Future
I will do
You will do
He/she will do
We will do
You will do
They will do

Conditional
I would do
You would do
He/she would do
We would do
You would do
They would do

Subjonctif	Subjuntivo	Subjunctive

Présent / **Presente** / **Presen**

que je fasse	que haga	that I may do
que tu fasses	que hagas	that you may do
qu'il/elle fasse	que haga	that he/she may do
que nous fassions	que hagamos	that we may do
que vous fassiez	que hagáis	that you may do
qu'ils/elles fassent	que hagan	that they may do

Imparfait / **Imperfecto I** / **Past**

que je fisse	que hiciera	that I might do
que tu fisses	que hicieras	that you might do
qu'il/elle fît	que hiciera	that he/she might do
que nous fissions	que hiciéramos	that we might do
que vous fissiez	que hicierais	that you might do
qu'ils/elles fissent	que hicieran	that they might do

Imperfecto II

que hiciese
que hicieses
que hiciese
que hiciésemos
que hicieseis
que hiciesen

Impératif / Imperativo / Imperative

fais	haz	do
	haga	do
faisons	hagamos	let us do
faites	haced	do
	hagan	do

Participe / Participio / Participle

Présent: faisant / **Present:** doing
Passé: fait / **Pasado:** hecho / **Past:** done

Gérondif / Gerundio / Gerundive

Présent: en faisant / **Presente:** haciendo / **Present:** doing
Passé: en ayant fait / **Pasado:** habiendo hecho / **Past:** having done

Infinitif / Infinitivo / Infinitive

Présent: faire / **Presente:** hacer / **Present:** to do
Passé: avoir fait / **Pasado:** haber hecho / **Past:** to have done

---

Nota: Como - comme - like **hacer:** **contrahacer, deshacer, reha**
satisfacer (este último verbo tiene **f** donde **hacer** tiene **h** — ce dernier verbe a **l**
là où **hacer** a un **h** — this last verb has an **f** where **hacer** has **h:** **satisf**
satisfice, satisfaré, etc.). **Licuefacer, rarefacer, tumefacer** como-con
-like **satisfacer,** PERO-MAIS-BUT *part.:* **licuefacto, rarefacto, tumefacto.**

ALLER
Indicatif

Présent
je vais
tu vas
il/elle va
nous allons
vous allez
ils/elles vont

Imparfait
j'allais
tu allais
il/elle allait
nous allions
vous alliez
ils/elles allaient

Passé simple
j'allai
tu allas
il/elle alla
nous allâmes
vous allâtes
ils/elles allèrent

Futur simple
j'irai
tu iras
il/elle ira
nous irons
vous irez
ils/elles iront

Conditionnel présent
j'irais
tu irais
il/elle irait
nous irions
vous iriez
ils/elles iraient

IR
Indicativo

Presente
voy
vas
va
vamos
vais
van

Imperfecto
iba
ibas
iba
íbamos
ibais
iban

Pretérito simple
fui
fuiste
fue
fuimos
fuisteis
fueron

Futuro simple
iré
irás
irá
iremos
iréis
irán

Potencial simple
iría
irías
iría
iríamos
iríais
irían

TO GO
Indicative

Present
I go
You go
He/she goes
We go
You go
They go

Past Descriptive
I used to go
You used to go
He/she used to go
We used to go
You used to go
They used to go

Past Absolute
I went
you went
he/she went
we went
you went
they went

Future
I will go
you will go
he/she will go
we will go
you will go
they will go

Conditional
I would go
You would go
He/she would go
We would go
You would go
They would go

Subjonctif

Présent
que j'aille
que tu ailles
qu'il/elle aille
que nous allions
que vous alliez
qu'ils/elles aillent

Imparfait
que j'allasse
que tu allasses
qu'il/elle allât
que nous allassions
que vous allassiez
qu'ils/elles allassent

Subjuntivo

Presente
que vaya
que vayas
que vaya
que vayamos
que vayáis
que vayan

Imperfecto I
que fuera
que fueras
que fuera
que fuéramos
que fuerais
que fueran

Imperfecto II
que fuese
que fueses
que fuese
que fuésemos
que fueseis
que fuesen

Subjunctive

Present
that I may go
that you may go
that he/she may go
that we may go
that you may go
that they may go

Past
that I might go
that you might go
that he/she might go
that we might go
that you might go
that they might go

Impératif
aille

allons
allez

Imperativo
ve
vaya
vayamos
id
vayan

Imperative
go
go
let us go
go
go

Participe
Présent: allant
Passé: allé

Participio
—————
ido

Participle
Present: going
Past: gone

Gérondif
Présent: en allant
Passé: en étant allé

Gerundio
Presente: yendo
Pasado: habiendo ido

Gerundive
Present: going
Past: having gone

Infinitif
Présent: aller
Passé: être allé

Infinitivo
Presente: ir
Pasado: haber ido

Infinitive
Present: to go
Past: to have gone

MAUDIRE

Indicatif

Présent
je maudis
tu maudis
il/elle maudit
nous maudissons
vous maudissez
ils/elles maudissent

Imparfait
je maudissais
tu maudissais
il/elle maudissait
nous maudissions
vous maudissiez
ils/elles maudissaient

Passé simple
je maudis
tu maudis
il/elle maudit
nous maudîmes
vous maudîtes
ils/elles maudirent

Futur simple
je maudirai
tu maudiras
il/elle maudira
nous maudirons
vous maudirez
ils/elles maudiront

Conditionnel présent
je maudirais
tu maudirais
il/elle maudirait
nous maudirions
vous maudiriez
ils/elles maudiraient

MALDECIR

Indicativo

Presente
maldigo
maldices
maldice
maldecimos
maldecís
maldicen

Imperfecto
maldecía
maldecías
maldecía
maldecíamos
maldecíais
maldecían

Pretérito simple
maldije
maldijiste
maldijo
maldijimos
maldijisteis
maldijeron

Futuro simple
maldeciré
maldecirás
maldecirá
maldeciremos
maldeciréis
maldecirán

Potencial simple
maldeciría
maldecirías
maldeciría
maldeciríamos
maldeciríais
maldecirían

TO CURSE

Indicative

Present
I curse
You curse
He/she curses
We curse
You curse
They curse

Past Descriptive
I used to curse
You used to curse
He/she used to curse
We used to curse
You used to curse
They used to curse

Past absolute
I cursed
You cursed
He/she cursed
We cursed
You cursed
They cursed

Future
I will curse
You will curse
He/she will curse
We will curse
You will curse
They will curse

Conditional
I would curse
You would curse
He/she would curse
We would curse
You would curse
They would curse

Subjonctif

Présent
que je maudisse
que tu maudisses
qu'il/elle maudisse
que nous maudissions
que vous maudissiez
qu'ils/elles maudissent

Imparfait
que je maudisse
que tu maudisses
qu'il/elle maudît
que nous maudissions
que vous maudissiez
qu'ils/elles maudissent

Subjuntivo

Presente
que maldiga
que maldigas
que maldiga
que maldigamos
que maldigáis
que maldigan

Imperfecto I
que maldijera
que maldijeras
que maldijera
que maldijéramos
que maldijerais
que maldijeran

Imperfecto II
que maldijese
que maldijeses
que maldijese

Subjunctive

Present
that I may curse
that you may curse
that he/she may curse
that we may curse
that you may curse
that they may curse

Past
that I might curse
that you might curse
that he/she might curse
that we might curse
that you might curse
that they might curse

que maldijésemos
que maldijeseis
que maldijesen

Impératif
maudis

maudissons
maudissez

Imperativo
maldice
maldiga
maldigamos
maldecid
maldigan

Imperative
curse
curse
let us curse
curse
curse

Participe
Présent: maudissant
Passé: maudit

Participio
—————
Pasado: maldecido

Participle
Present: cursing
Past: cursed

Gérondif
Présent: en maudissant
Passé: en ayant maudit

Gerundio
Presente: maldiciendo
Pasado: habiendo maldecido

Gerundive
Present: cursing
Past: having cursed

Infinitif
Présent: maudire
Passé: avoir maudit

Infinitivo
Presente: maldecir
Pasado: haber maldecido

Infinitive
Present: to curse
Past: to have cursed

Nota: Como **maldecir: bendecir.** Ambos verbos se conjugan como **decir** en mayoría de sus tiempos, pero son regulares las formas del futuro, del condicional, d imperativo y del participio. Dichas formas se indican en rojo.

Note: Comme **maldecir: bendecir.** Ces deux verbes se conjuguent comr **decir** dans la plupart des temps, mais les formes du futur, du conditionnel, l'impératif et du participe passé sont régulières. Ces formes sont indiquées rouge.

Note: Like **maldecir: bendecir.** Both verbs are conjugated like **decir** in m tenses, but the future, conditional, imperative and past participle are regular. The forms are indicated in red.

POUVOIR

Indicatif

Présent
je peux
tu peux
il/elle peut
nous pouvons
vous pouvez
ils/elles peuvent

Imparfait
je pouvais
tu pouvais
il/elle pouvait
nous pouvions
vous pouviez
ils/elles pouvaient

Passé simple
je pus
tu pus
il/elle put
nous pûmes
vous pûtes
ils/elles purent

Futur simple
je pourrai
tu pourras
il/elle pourra
nous pourrons
vous pourrez
ils/elles pourront

Conditionnel présent
je pourrais
tu pourrais
il/elle pourrait
nous pourrions
vous pourriez
ils/elles pourraient

PODER

Indicativo

Presente
puedo
puedes
puede
podemos
podéis
pueden

Imperfecto
podía
podías
podía
podíamos
podíais
podían

Pretérito simple
pude
pudiste
pudo
pudimos
pudisteis
pudieron

Futuro simple
podré
podrás
podrá
podremos
podréis
podrán

Potencial simple
podría
podrías
podría
podríamos
podríais
podrían

TO BE ABLE TO

Indicative

Present
I am able to
You are able to
He/she is able to
We are able to
You are able to
They are able to

Past Descriptive
I was able to
You were able to
He/she was able to
We were able to
You were able to
They were able to

Past absolute
I was able to
You were able to
He/she was able to
We were able to
You were able to
They were able to

Future
I will be able to
You will be able to
He/she will be able to
We will be able to
You will be able to
They will be able to

Conditional
I would be able to
You would be able to
He/she would be able to
We would be able to
You would be able to
They would be able to

46 PODER — Verbos irregulares

Subjonctif | Subjuntivo | Subjunctive

Présent | Presente | Present
que je puisse — que pueda — that I may be able to
que tu puisses — que puedas — that you may be able t
qu'il/elle puisse — que pueda — that he/she may be ab
que nous puissions — que podamos — that we may be able to
que vous puissiez — que podáis — that you may be able t
qu'ils/elles puissent — que puedan — that they may be able

Imparfait | Imperfecto I | Past
que je pusse — que pudiera — that I might be able to
que tu pusses — que pudieras — that you might be able
qu'il/elle pût — que pudiera — that he/she might be abl
que nous pussions — que pudiéramos — that we might be able
que vous pussiez — que pudierais — that you might be able
qu'ils/elles pussent — que pudieran — that they might be able

Imperfecto II
que pudiese
que pudieses
que pudiese
que pudiésemos
que pudieseis
que pudiesen

Impératif | Imperativo * | Imperative
puis — puede — be able to
 — pueda — be able to
pouvons — podamos — let us be able to
pouvez — poded — be able to
 — puedan — be able to

Participe | Participio | Participle
Présent: pouvant | — | Present: being able to
Passé: pu | Pasado: podido | Past: been able to

Gérondif | Gerundio | Gerundive
Présent: en pouvant | Presente: pudiendo | Present: being able to
Passé: en ayant pu | Pasado: habiendo podido | Past: having been abl

Infinitif | Infinitivo | Infinitive
Présent: pouvoir | Presente: poder | Present: to be able to
Passé: avoir pu | Pasado: haber podido | Past: to have been ab

* Inusitado en español y francés — inusité en français et espagnol — rarely used in Spanish and French.

METTRE	**PONER**	**TO PUT**
Indicatif	*Indicativo*	**Indicative**

Présent	*Presente*	*Present*
je mets	pongo	I put
tu mets	pones	You put
il/elle met	pone	He/she puts
nous mettons	ponemos	We put
vous mettez	ponéis	You put
ils/elles mettent	ponen	They put

Imparfait	*Imperfecto*	*Past Descriptive*
je mettais	ponía	I used to put
tu mettais	ponías	You used to put
il/elle mettait	ponía	He/she used to put
nous mettions	poníamos	We used to put
vous mettiez	poníais	You used to put
ils/elles mettaient	ponían	They used to put

Passé simple	*Pretérito simple*	*Past absolute*
je mis	puse	I put
tu mis	pusiste	You put
il/elle mit	puso	He/she put
nous mîmes	pusimos	We put
vous mîtes	pusisteis	You put
ils/elles mirent	pusieron	They put

Futur simple	*Futuro simple*	*Future*
je mettrai	pondré	I will put
tu mettras	pondrás	You will put
il/elle mettra	pondrá	He/she will put
nous mettrons	pondremos	We will put
vous mettrez	pondréis	You will put
ils/elles mettront	pondrán	They will put

Conditionnel présent	*Potencial simple*	*Conditional*
je mettrais	pondría	I would put
tu mettrais	pondrías	You would put
il/elle mettrait	pondría	He/she would put
nous mettrions	pondríamos	We would put
vous mettriez	pondríais	You would put
ils/elles mettraient	pondrían	They would put

Subjonctif

Présent
que je mette
que tu mettes
qu'il/elle mette
que nous mettions
que vous mettiez
qu'ils/elles mettent

Imparfait
que je misse
que tu misses
qu'il/elle mît
que nous missions
que vous missiez
qu'ils/elles missent

Subjuntivo

Presente
que ponga
que pongas
que ponga
que pongamos
que pongáis
que pongan

Imperfecto I
que pusiera
que pusieras
que pusiera
que pusiéramos
que pusierais
que pusieran

Imperfecto II
que pusiese
que pusieses
que pusiese
que pusiésemos
que pusieseis
que pusiesen

Subjunctive

Presen
that I may put
that you may put
that he/she may put
that we may put
that you may put
that they may put

Past
that I might put
that you might put
that he/she might put
that we might put
that you might put
that they might put

Impératif

mets

mettons
mettez

Imperativo

pon
ponga
pongamos
poned
pongan

Imperative

put
put
let us put
put
put

Participe

Présent: mettant
Passé: mis

Participio

———————

Pasado: puesto

Participle

Present: putting
Past: put

Gérondif

Présent: en mettant
Passé: en ayant mis

Gerundio

Presente: poniendo
Pasado: habiendo puesto

Gerundive

Present: putting
Past: having put

Infinitif

Présent: mettre
Passé: avoir mis

Infinitivo

Presente: poner
Pasado: haber puesto

Infinitive

Present: to put
Past: to have put

Nota: Como - comme - like **poner: anteponer, componer, contrapon deponer, descomponer, disponer, exponer, imponer, indisponer, interpon oponer, posponer, presuponer, reponer, sobreponer, superpon suponer, tra(n)sponer, yuxtaponer.**

QUERER **48**

VOULOIR	QUERER	TO WANT
Indicatif	*Indicativo*	**Indicative**
Présent	*Presente*	*Present*
je veux	quiero	I want
tu veux	quieres	You want
il/elle veut	quiere	He/she wants
nous voulons	queremos	We want
vous voulez	queréis	You want
ils/elles veulent	quieren	They want
Imparfait	*Imperfecto*	*Past Descriptive*
je voulais	quería	I wanted
tu voulais	querías	You wanted
il/elle voulait	quería	He/she wanted
nous voulions	queríamos	We wanted
vous vouliez	queríais	You wanted
ils/elles voulaient	querían	They wanted
Passé simple	*Pretérito simple*	*Past absolute*
je voulus	quise	I wanted
tu voulus	quisiste	You wanted
il/elle voulut	quiso	He/she wanted
nous voulûmes	quisimos	We wanted
vous voulûtes	quisisteis	You wanted
ils/elles voulurent	quisieron	They wanted
Futur simple	*Futuro simple*	*Future*
je voudrai	querré	I will want
tu voudras	querrás	You will want
il/elle voudra	querrá	He/she will want
nous voudrons	querremos	We will want
vous voudrez	querréis	You will want
ils/elles voudront	querrán	They will want
Conditionnel présent	*Potencial simple*	*Conditional*
je voudrais	querría	I would want
tu voudrais	querrías	You would want
il/elle voudrait	querría	He/she would want
nous voudrions	querríamos	We would want
vous voudriez	querríais	You would want
ils/elles voudraient	querrían	They would want

Subjonctif

Présent
que je veuille
que tu veuilles
qu'il/elle veuille
que nous voulions
que vous vouliez
qu'ils/elles veuillent

Imparfait
que je voulusse
que tu voulusses
qu'il/elle voulût
que nous voulussions
que vous voulussiez
qu'ils/elles voulussent

Subjuntivo

Presente
que quiera
que quieras
que quiera
que queramos
que queráis
que quieran

Imperfecto I
que quisiera
que quisieras
que quisiera
que quisiéramos
que quisierais
que quisieran

Imperfecto II
que quisiese
que quisieses
que quisiese
que quisiésemos
que quisieseis
que quisiesen

Subjunctive

Present
that I may want
that you may want
that he/she may want
that we may want
that you may want
that they may want

Past
that I might want
that you might want
that he/she might wan
that we might want
that you might want
that they might want

Impératif
veuille

veuillons
veuillez

Imperativo
quiere
quiera
queramos
quered
quieran

Imperative
want
want
let us want
want
want

Participe
Présent: voulant
Passé: voulu

Gérondif
Présent: en voulant
Passé: en ayant voulu

Infinitif
Présent: vouloir
Passé: avoir voulu

Participio
———
Pasado: querido

Gerundio
Presente: queriendo
Pasado: habiendo querido

Infinitivo
Presente: querer
Pasado: haber querido

Participle
Present: wanting
Past: wanted

Gerundive
Present: wanting
Past: having wanted

Infinitive
Present: to want
Past: to have wante

SAVOIR

Indicatif

Présent
je sais
tu sais
il/elle sait
nous savons
vous savez
ils/elles savent

Imparfait
je savais
tu savais
il/elle savait
nous savions
vous saviez
ils/elles savaient

Passé simple
je sus
tu sus
il/elle sut
nous sûmes
vous sûtes
ils/elles surent

Futur simple
je saurai
tu sauras
il/elle saura
nous saurons
vous saurez
ils/elles sauront

Conditionnel présent
je saurais
tu saurais
il/elle saurait
nous saurions
vous sauriez
ils/elles sauraient

SABER

Indicativo

Presente
sé
sabes
sabe
sabemos
sabéis
saben

Imperfecto
sabía
sabías
sabía
sabíamos
sabíais
sabían

Pretérito simple
supe
supiste
supo
supimos
supisteis
supieron

Futuro simple
sabré
sabrás
sabrá
sabremos
sabréis
sabrán

Potencial simple
sabría
sabrías
sabría
sabríamos
sabríais
sabrían

TO KNOW

Indicative

Present
I know
You know
He/she knows
We know
You know
They know

Past Descriptive
I used to know
You used to know
He/she used to know
We used to know
You used to know
They used to know

Past absolute
I knew
You knew
He/she knew
We knew
You knew
They knew

Future
I will know
You will know
He/she will know
We will know
You will know
They will know

Conditional
I would know
You would know
He/she would know
We would know
You would know
They would know

135

Subjonctif

Présent
que je sache
que tu saches
qu'il/elle sache
que nous sachions
que vous sachiez
qu'ils/elles sachent

Imparfait
que je susse
que tu susses
qu'il/elle sût
que nous sussions
que vous sussiez
qu'ils/elles sussent

Subjuntivo

Presente
que sepa
que sepas
que sepa
que sepamos
que sepáis
que sepan

Imperfecto I
que supiera
que supieras
que supiera
que supiéramos
que supierais
que supieran

Imperfecto II
que supiese
que supieses
que supiese
que supiésemos
que supieseis
que supiesen

Subjunctive

Presen
that I may know
that you may know
that he/she may know
that we may know
that you may know
that they may know

Past
that I might know
that you might know
that he/she might know
that we might know
that you might know
that they might know

Impératif
sache

sachons
sachez

Imperativo
sabe
sepa
sepamos
sabed
sepan

Imperative
know
know
let us know
know
know

Participe
Présent: sachant
Passé: su

Participio
_____
Pasado: sabido

Participle
Present: knowing
Past: known

Gérondif
Présent: en sachant
Passé: en ayant su

Gerundio
Presente: sabiendo
Pasado: habiendo sabido

Gerundive
Present: knowing
Past: having known

Infinitif
Présent: savoir
Passé: avoir su

Infinitivo
Presente: saber
Pasado: haber sabido

Infinitive
Present: to know
Past: to have known

SORTIR
Indicatif

Présent
je sors
tu sors
il/elle sort
nous sortons
vous sortez
ils/elles sortent

Imparfait
je sortais
tu sortais
il/elle sortait
nous sortions
vous sortiez
ils/elles sortaient

Passé simple
je sortis
tu sortis
il/elle sortit
nous sortîmes
vous sortîtes
ils/elles sortirent

Futur simple
je sortirai
tu sortiras
il/elle sortira
nous sortirons
vous sortirez
ils/elles sortiront

Conditionnel présent
je sortirais
tu sortirais
il/elle sortirait
nous sortirions
vous sortiriez
ils/elles sortiraient

SALIR
Indicativo

Presente
salgo
sales
sale
salimos
salís
salen

Imperfecto
salía
salías
salía
salíamos
salíais
salían

Pretérito simple
salí
saliste
salió
salimos
salisteis
salieron

Futuro simple
saldré
saldrás
saldrá
saldremos
saldréis
saldrán

Potencial simple
saldría
saldrías
saldría
saldríamos
saldríais
saldrían

TO LEAVE
Indicative

Present
I leave
You leave
He/she leaves
we leave
you leave
they leave

Past Descriptive
I used to leave
You used to leave
He/she used to leave
We used to leave
You used to leave
They used to leave

Past Absolute
I left
You left
He/she left
We left
You left
They left

Future
I will leave
You will leave
He/she will leave
We will leave
You will leave
They will leave

Conditional
I would leave
You would leave
He/she would leave
We would leave
You would leave
They would leave

50 SALIR Verbos irregulares

Subjonctif

Présent
que je sorte
que tu sortes
qu'il/elle sorte
que nous sortions
que vous sortiez
qu'ils sortent

Imparfait
que je sortisse
que tu sortisses
qu'il/elle sortît
que nous sortissions
que vous sortissiez
qu'ils sortissent

Subjuntivo

Presente
que salga
que salgas
que salga
que salgamos
que salgáis
que salgan

Imperfecto I
que saliera
que salieras
que saliera
que saliéramos
que salierais
que salieran

Imperfecto II
que saliese
que salieses
que saliese
que saliésemos
que salieseis
que saliesen

Subjunctive

Present
that I may leave
that you may leave
that he/she may leave
that we may leave
that you may leave
that they may leave

Past
that I might leave
that you might leave
that he/she might leave
that we might leave
that you might leave
that they might leave

Impératif

sors

sortons
sortez

Imperativo

sal
salga
salgamos
salid
salgan

Imperative

leave
leave
let us leave
leave
leave

Participe

Présent: sortant
Passé: sorti

Participio

salido

Participle

Present: leaving
Past: left

Gérondif

Présent: en sortant
Passé: en étant sorti

Gerundio

Presente: saliendo
Pasado: habiendo salido

Gerundive

Present: leaving
Past: having left

Infinitif

Présent: sortir
Passé: être sorti

Infinitivo

Presente: salir
Pasado: haber salido

Infinitive

Present: to leave
Past: to have left

AVOIR

Indicatif

Présent
j'ai
tu as
il/elle a
nous avons
vous avez
ils/elles ont

Imparfait
j'avais
tu avais
il/elle avait
nous avions
vous aviez
ils/elles avaient

Passé simple
j'eus
tu eus
il/elle eut
nous eûmes
vous eûtes
ils/elles eurent

Futur simple
j'aurai
tu auras
il/elle aura
nous aurons
vous aurez
ils/elles auront

Conditionnel présent
j'aurais
tu aurais
il/elle aurait
nous aurions
vous auriez
ils/elles auraient

TENER

Indicativo

Presente
tengo
tienes
tiene
tenemos
tenéis
tienen

Imperfecto
tenía
tenías
tenía
teníamos
teníais
tenían

Pretérito simple
tuve
tuviste
tuvo
tuvimos
tuvisteis
tuvieron

Futuro simple
tendré
tendrás
tendrá
tendremos
tendréis
tendrán

Potencial simple
tendría
tendrías
tendría
tendríamos
tendríais
tendrían

TO HAVE

Indicative

Present
I have
You have
He/she has
we have
you have
they have

Past Descriptive
I used to have
You used to have
He/she used to have
We used to have
You used to have
They used to have

Past Absolute
I had
You had
He/she had
We had
You had
They had

Future
I will have
You will have
He/she will have
We will have
You will have
They will have

Conditional
I would have
You would have
He/she would have
We would have
You would have
They would have

Subjonctif

Présent
que j'aie
que tu aies
qu'il/elle ait
que nous ayons
que vous ayez
qu'ils/elles aient

Imparfait
que j'eusse
que tu eusses
qu'il/elle eût
que nous eussions
que vous eussiez
qu'ils/elles eussent

Subjuntivo

Presente
que tenga
que tengas
que tenga
que tengamos
que tengáis
que tengan

Imperfecto I
que tuviera
que tuvieras
que tuviera
que tuviéramos
que tuvierais
que tuvieran

Imperfecto II
que tuviese
que tuvieses
que tuviese
que tuviésemos
que tuvieseis
que tuviesen

Subjunctive

Present
that I may have
that you may have
that he/she may have
that we may have
that you may have
that they may have

Past
that I might have
that you might have
that he/she might have
that we might have
that you might have
that they might have

Impératif
aie

ayons
ayez

Imperativo
ten
tenga
tengamos
tened
tengan

Imperative
have
have
let us have
have
have

Participe
Présent: ayant
Passé: eu

Participio
———
tenido

Participle
Present: having
Past: had

Gérondif
Présent: en ayant
Passé: en ayant eu

Gerundio
Presente: teniendo
Pasado: habiendo tenido

Gerundive
Present: having
Past: having had

Infinitif
Présent: avoir
Passé: avoir eu

Infinitivo
Presente: tener
Pasado: haber tenido

Infinitive
Present: to have
Past: to have had

Nota: Como - comme - like **tener: abstenerse, atenerse, contener, deten** entretener, mantener, obtener, retener, sostener.

TRAER 52

APPORTER	TRAER	TO BRING
Indicatif	*Indicativo*	**Indicative**

Présent	*Presente*	*Present*
j'apporte	traigo	I bring
tu apportes	traes	You bring
il/elle apporte	trae	He/she brings
nous apportons	traímos	We bring
vous apportez	traís	You bring
ils/elles apportent	traen	They bring

Imparfait	*Imperfecto*	*Past Descriptive*
j'apportais	traía	I used to bring
tu apportais	traías	You used to bring
il/elle apportait	traía	He/she used to bring
nous apportions	traíamos	We used to bring
vous apportiez	traíais	You used to bring
ils/elles apportaient	traían	They used to bring

Passé simple	*Pretérito simple*	*Past absolute*
j'apportai	traje	I brought
tu apportas	trajiste	You brought
il/elle apporta	trajo	He/she brought
nous apportâmes	trajimos	We brought
vous apportâtes	trajisteis	You brought
ils/elles apportèrent	trajeron	They brought

Futur simple	*Futuro simple*	*Future*
je apporterai	traeré	I will bring
tu apporteras	traerás	You will bring
il/elle apportera	traerá	He/she will bring
nous apporterons	traeremos	We will bring
vous apporterez	traeréis	You will bring
ils/elles apporteront	traerán	They will bring

Conditionnel présent	*Potencial simple*	*Conditional*
je apporterais	traería	I would bring
tu apporterais	traerías	You would bring
il/elle apporterait	traería	He/she would bring
nous apporterions	traeríamos	We would bring
vous apporteriez	traeríais	You would bring
ils/elles apporteraient	traerían	They would bring

52 TRAER

Subjonctif

Présent
que j'apporte
que tu apportes
qu'il/elle apporte
que nous apportions
que vous apportiez
qu'ils/elles apportent

Imparfait
que j'apportasse
que tu apportasses
qu'il/elle apportasse
que nous apportassions
que vous apportassiez
qu'ils/elles apportassent

Subjuntivo

Presente
que traiga
que traigas
que traiga
que traigamos
que traigáis
que traigan

Imperfecto I
que trajera
que trajeras
que trajera
que trajéramos
que trajerais
que trajeran

Imperfecto II
que trajese
que trajeses
que trajese
que trajésemos
que trajeseis
que trajesen

Subjunctive

Present
that I may bring
that you may bring
that he/she may bring
that we may bring
that you may bring
that they may bring

Past
that I might bring
that you might bring
that he/she might bring
that we might bring
that you might bring
that they might bring

Impératif
apporte

apportons
apportez

Imperativo
trae
traiga
traigamos
traed
traigan

Imperative
bring
bring
let us bring
bring
bring

Participe
Présent: apportant
Passé: apporté

Participio

Pasado: traído

Participle
Present: bringing
Past: brought

Gérondif
Présent: en apportant
Passé: en ayant apporté

Gerundio
Presente: trayendo
Pasado: habiendo traído

Gerundive
Present: bringing
Past: having brought

Infinitif
Présent: apporter
Passé: avoir apporté

Infinitivo
Presente: traer
Pasado: haber traído

Infinitive
Present: to bring
Past: to have brought

Nota: Como - comme - like **traer: abstraer, atraer, contraer, detra**
distraer, extraer, retrotraer, retraer, sustraer. Las formas populai
trajieron, trajiera etc. se consideran incorrectas — les formes populaii
trajieron, trajiera etc. sont considérées comme incorrectes — the popular for
trajieron, trajiera etc. are considered incorrect.

142

VALOIR	VALER	TO BE WORTH
Indicatif	*Indicativo*	**Indicative**

Présent	*Presente*	*Present*
je vaux	valgo	I am worth
tu vaux	vales	You are worth
il/elle vaut	vale	He/she is worth
nous valons	valemos	We are worth
vous valez	valéis	You are worth
ils/elles valent	valen	They are worth

Imparfait	*Imperfecto*	*Past Descriptive*
je valais	valía	I was worth
tu valais	valías	You were worth
il/elle valait	valía	He/she was worth
nous valions	valíamos	We were worth
vous valiez	valíais	You were worth
ils/elles valaient	valían	They were worth

Passé simple	*Pretérito simple*	*Past absolute*
je valus	valí	I was worth
tu valus	valiste	You were worth
il/elle valut	valió	He/she was worth
nous valûmes	valimos	We were worth
vous valûtes	valisteis	You were worth
ils/elles valurent	valieron	They were worth

Futur simple	*Futuro simple*	*Future*
je vaudrai	valdré	I will be worth
tu vaudras	valdrás	You will be worth
il/elle vaudra	valdrá	He/she will be worth
nous vaudrons	valdremos	We will be worth
vous vaudrez	valdréis	You will be worth
ils/elles vaudront	valdrán	They will be worth

Conditionnel présent	*Potencial simple*	*Conditional*
je vaudrais	valdría	I would be worth
tu vaudrais	valdrías	You would be worth
il/elle vaudrait	valdría	He/she would be worth
nous vaudrions	valdríamos	We would be worth
vous vaudriez	valdríais	You would be worth
ils/elles vaudraient	valdrían	They would be worth

Subjonctif

Présent
que je vaille
que tu vailles
qu'il/elle vaille
que nous valions
que vous valiez
qu'ils/elles vaillent

Imparfait
que je valusse
que tu valusses
qu'il/elle valût
que nous valussions
que vous valussiez
qu'ils/elles valussent

Subjuntivo

Presente
valga
valgas
valga
valgamos
valgáis
valgan

Imperfecto I
valiera
valieras
valiera
valiéramos
valierais
valieran

Imperfecto II
que valiese
que valieses
que valiese
que valiésemos
que valieseis
que valiesen

Subjunctive

Present
that I may be worth
that you may be worth
that he/she may be wort
that we may be worth
that you may be worth
that they may be worth

Past
that I might be worth
that you might be worth
that he/she might be wo
that we might be worth
that you might be worth
that they might be wort

Impératif

vaux

valons
valez

Imperativo

val, vale *
valga
valgamos
valed
valgan

Imperative

be worth
be worth
let us be worth
be worth
be worth

Participe
Présent: valant
Passé: valu

Participio
___
Pasado: valido

Participle
Present: being worth
Past: been worth

Gérondif
Présent: en valant
Passé: en ayant valu

Gerundio
Presente: valiendo
Pasado: habiendo valido

Gerundive
Present: being worth
Past: having been wor

Infinitif
Présent: valoir
Passé: avoir valu

Infinitivo
Presente: valer
Pasado: haber valido

Infinitive
Present: to be worth
Past: to have been wo

* Estas formas se emplean sólo con los pronombres **me, te, nos: valte** o **válete.**
 Ces formes ne s'employent qu'avec les pronoms **me, te, nos: valte** ou **válete.**
 These forms are only used with the pronouns **me, te, nos: valte** or **válete.**

Como - comme - like **valer: equivaler, prevaler.**

VENIR	VENIR	TO COME
Indicatif	*Indicativo*	**Indicative**

Présent	*Presente*	*Present*
je viens	vengo	I come
tu viens	vienes	You come
il/elle vient	viene	He/she comes
nous venons	venimos	we come
vous venez	venís	you come
ils/elles viennent	vienen	they come

Imparfait	*Imperfecto*	*Past Descriptive*
je venais	venía	I used to come
tu venais	venías	You used to come
il/elle venait	venía	He/she used to come
nous venions	veníamos	We used to come
vous veniez	veníais	You used to come
ils/elles venaient	venían	They used to come

Passé simple	*Pretérito simple*	*Past Absolute*
je vins	vine	I came
tu vins	viniste	You came
il/elle vint	vino	He/she came
nous vînmes	vinimos	We came
vous vîntes	vinisteis	You came
ils/elles vinrent	vinieron	They came

Futur simple	*Futuro simple*	*Future*
je viendrai	vendré	I will come
tu viendras	vendrás	You will come
il/elle viendra	vendrá	He/she will come
nous viendrons	vendremos	We will come
vous viendrez	vendréis	You will come
ils/elles viendront	vendrán	They will come

Conditionnel présent	*Potencial simple*	*Conditional*
je viendrais	vendría	I would come
tu viendrais	vendrías	You would come
il/elle viendrait	vendría	He/she would come
nous viendrions	vendríamos	We would come
vous viendriez	vendríais	You would come
ils/elles viendraient	vendrían	They would come

145

Subjonctif

Présent
que je vienne
que tu viennes
qu'il/elle vienne
que nous venions
que vous veniez
qu'ils/elles viennent

Imparfait
que je vinsse
que tu vinsses
qu'il/elle vînt
que nous vinssions
que vous vinssiez
qu'ils/elles vinssent

Subjuntivo

Presente
que venga
que vengas
que venga
que vengamos
que vengáis
que vengan

Imperfecto I
que viniera
que vinieras
que viniera
que viniéramos
que vinierais
que vinieran

Imperfecto II
que viniese
que vinieses
que viniese
que viniésemos
que vinieseis
que viniesen

Subjunctive

Present
that I may come
that you may come
that he/she may come
that we may come
that you may come
that they may come

Past
that I might come
that you might come
that he/she might come
that we might come
that you might come
that they might come

Impératif
viens

venons
venez

Imperativo
ven
venga
vengamos
venid
vengan

Imperative
come
come
let us come
come
come

Participe
Présent: venant
Passé: venu

Participio
_____
venido

Participle
Present: coming
Past: come

Gérondif
Présent: en venant
Passé: en étant venu

Gerundio
Presente: viniendo
Pasado: habiendo venido

Gerundive
Present: coming
Past: having come

Infinitif
Présent: venir
Passé: être venu

Infinitivo
Presente: venir
Pasado: haber venido

Infinitive
Present: to come
Past: to have come

Nota: Como - comme - like **venir: avenir, contravenir, convenir, desavenir, desconvenir, devenir, intervenir, prevenir, provenir, reconvenir, revenirse, sobrevenir, subvenir.**

VOIR

Indicatif
Présent
je vois
tu vois
il/elle voit
nous voyons
vous voyez
ils/elles voient

Imparfait
je voyais
tu voyais
il/elle voyait
nous voyions
vous voyiez
ils/elles voyaient

Passé simple
je vis
tu vis
il/elle vit
nous vîmes
vous vîtes
ils/elles virent

Futur simple
je verrai
tu verras
il/elle verra
nous verrons
vous verrez
ils/elles verront

Conditionnel présent
je verrais
tu verrais
il/elle verrait
nous verrions
vous verriez
ils/elles verraient

Subjonctif
Présent
que je voie
que tu voies
qu'il/elle voie
que nous voyions
que vous voyiez
qu'ils/elles voient

VER

Indicativo
Presente
veo
ves
ve
vemos
véis
ven

Imperfecto
veía
veías
veía
veíamos
veíais
veían

Pretérito simple
vi
viste
vio
vimos
visteis
vieron

Futuro simple
veré
verás
verá
veremos
veréis
verán

Potencial simple
vería
verías
vería
veríamos
veríais
verían

Subjuntivo
Presente
que vea
que veas
que vea
que veamos
que veáis
que vean

TO SEE

Indicative
Present
I see
You see
He/she sees
We see
You see
They see

Past Descriptive
I used to see
You used to see
He/she used to see
We used to see
You used to see
They used to see

Past absolute
I saw
You saw
He/she saw
We saw
You saw
They saw

Future
I will see
You will see
He/she will see
We will see
You will see
They will see

Conditional
I would see
You would see
He/she would see
We would see
You would see
They would see

Subjunctive
Present
that I may see
that you may see
that he/she may see
that we may see
that you may see
that they may see

55 VER

Verbos irregulares

Imparfait	*Imperfecto I*	*Past*
que je visse	que viera	that I might see
que tu visses	que vieras	that you might see
qu'il/elle vît	que viera	that he/she might see
que nous vissions	que viéramos	that we might see
que vous vissiez	que vierais	that you might see
qu'ils/elles vissent	que vieran	that they might see

Imperfecto II
que viese
que vieses
que viese
que viésemos
que vieseis
que viesen

Impératif	*Imperativo*	**Imperative**
vois	ve	see
	vea	see
voyons	veamos	let us see
voyez	ved	see
	vean	see

Participe	*Participio*	**Participle**
Présent: voyant	————	*Present:* seeing
Passé: vu	*Pasado:* visto	*Past:* seen

Gérondif	*Gerundio*	**Gerundive**
Présent: en voyant	*Presente:* viendo	*Present:* seeing
Passé: en ayant vu	*Pasado:* habiendo visto	*Past:* having seen

Infinitif	*Infinitivo*	**Infinitive**
Présent: voir	*Presente:* ver	*Present:* to see
Passé: avoir vu	*Pasado:* haber visto	*Past:* to have seen

Nota: Como - comme - like **ver: entrever, prever.** Nótese el acento en l formas del presente del indicativo de estos verbos — notez l'accent dans les formes c présent de l'indicatif de ces verbes — note the accent in the present indicative forms these verbs: **entrevés, entrevé, entrevén; prevé, prevés, prevé Proveer** se conjuga como el semirregular **creer** pero tiene, aparte de su particip regular **proveído,** otro irregular, **provisto,** modelado sobre **ver.** — **Provee** est conjugué comme le semi-régulier **creer** mais en plus de son participe pass régulier **proveído,** il a un autre irrégulier, **provisto,** modélé sur **ver.** **Proveer is** conjugated like semi-regular **creer** but, apart from its regular pa participle, **proveído,** it has an alternative irregular one, **provisto,** modelled on **ver.**

Verbos unipersonales
Verbes unipersonnels Impersonal verbs

Son aquellos que por su sentido sólo se emplean en la tercera persona del singular y sin sujeto determinado. Son mayormente verbos que designan fenómenos meteorológicos o naturales y en su conjugación son casi todos regulares o semirregulares: la página de la conjugación que les corresponde se indica en la lista que sigue. **Haber (que)** designa el uso no personal de **haber** para expresar la existencia de alguien/algo ('il y a', 'there is (are)'),[1] o bien obligación o necesidad ('il faut que', 'it is necessary to'): **hay que verlo para creerlo. Hacer** se usa impersonalmente en locuciones relativas al tiempo: **hace calor, hace frío, hace sol** etc.

Sont ceux qui à cause de leur signification ne s'emploient qu'à la troisième personne du singulier et sans sujet déterminé. La plupart d'entre eux sont des verbes qui désignent des phénomènes météorologiques ou naturels et leur conjugaison est presque toujours régulière ou semi-régulière: la page de la conjugaison qui leur correspond est indiquée dans la liste ci-dessous. **Haber (que)** désigne l'emploi non personnel de **haber** pour exprimer l'existence de quelqu'un/quelque chose ('il y a', 'there is (are)'),[1] ou bien l'obligation ou la nécessité ('il faut que', 'it is necessary to'): **hay que verlo para creerlo. Hacer** s'emploie dans des locutions impersonelles relatives au temps: **hace calor, hace frío, hace sol** etc.

Are those which because of their meaning are used only in the third person singular and with no definite subject. Most are verbs having to do with meteorological or natural phenomena and they are almost always regular or semi-regular in their conjugation: the page of each conjugation model is indicated in the list given below. **Haber (que)** refers to the impersonal use of **haber** to express the existence of someone/something ('il y a', 'there is (are)'),[1] or obligation or necessity ('il faut que', 'it is necessary to'): **hay que verlo para creerlo. Hacer** is used impersonally in expressions relating to the weather: **hace calor, hace frío, hace sol** etc.

---

[1] El empleo, en esta construcción, de la tercera o incluso de la primera persona del plural, aunque es frecuente en el uso, se considera incorrecto — L'emploi, dans cette construction, de la troisième, voire même de la première personne du pluriel, est considéré comme incorrect bien qu'il soit fréquent dans l'usage. — The use in this construction of the third, or even the first person plural, though commonly heard, is considered incorrect: ***habrán algunas personas interesadas, *habíamos muchos en la reunión.**

Conj. (p.33)		Conj. (p.33)		Conj. (p.33)	
acaecer	34	escarchar	4	paramear	4
alborear	4	fucilar	4	parecer*	34
acontecer**	34	garuar	12	pasar**	4
amanecer*	34	granizar	19	pintear	4
anochecer*	34	haber (que)*	1	poder**	46
atardecer*	34	hacer*	43	pringar*	17
atenebrarse	8	harinear	4	refocilar*	4
cellisquear	4	helar	26	relampaguear	4
centellar	4	lanchar	4	resultar**	4
centellear	4	lobreguecer*	34	retronar	27
clarear*	4	llover	27	rugir*	21
clarecer	34	lloviznar	4	rutilar	4
coruscar	16	molliznar	4	suceder**	5
chaparrear	4	molliznear	4	tardecer	34
chispear*	4	nevar	26	temblar*	26
chubasquear	4	neviscar	16	tronar*	27
descampar	4	o(b)scurecer*	34	urgir**	21
deshelar	26	obstar**	4	ventar	26
diluviar	9	orvallar	4	ventear	4
escampar	4	paramar	4	ventiscar	16
				ventisquear	4

* Verbos que son unipersonales en una de sus acepciones pero que son personales en otra(s) — Verbes qui sont unipersonnels dans une de leurs significations, mais personnels dans les autres — Verbs which are impersonal in one of their meanings but personal in other(s). (Ej./ex.: Viajamos toda la noche y *amanecimos* en París).

** Verbos que, si bien son personales, se emplean con mucha frecuencia en construcciones impersonales, sin que sea necesario recurrir al uso del pronombre impersonal **se**. Aunque hemos querido incluir en la lista sólo los casos más notables, es evidente que se podría prolongar con otros verbos tales como **bastar** y **convenir.**

Verbes qui, tout en étant personnels, s'emploient très fréquemment dans des constructions impersonnelles, sans qu'il soit nécessaire de recourir à l'emploi du pronom impersonnel **se**. Bien que nous ayons décidé d'inclure dans la liste ci-dessus seulement les cas les plus notables, il est évident qu'on pourrait ajouter d'autres verbes tels que **bastar** et **convenir.**

Verbs which, though personal, are frequently used in impersonal constructions without requiring the inclusion of personal **se**. Although we have decided to give only the most notable examples in the above list, it is clear that they could be extended to include such verbs as **bastar** and **convenir.**

Verbos defectivos
Verbes défectifs Defective verbs

Son aquellos que no tienen todas las formas conjugadas. En los casos extremos, sólo subsisten el infinitivo y el participio. Se puede distinguir dos tipos.

Sont ceux qui n'ont pas toutes les formes conjuguées. Dans les cas extrêmes, l'infinitif et le participe passé sont les seules formes qui subsistent. Deux types peuvent être distingués.

Are those which do not have all conjugated forms. In extreme cases only the infinitive and the past participle remain. Two types may be identified.

1. *Verbos que son defectivos debido a su sentido - verbes qui sont défectifs à cause de leur sens - verbs which are defective because of their meaning:*

Formas usadas - formes usitées - forms in use

acaecer **acontecer** **atañer** **empecer*** **incumbir** **ocurrir** **respectar**	La tercera persona del singular y del plural de todos los tiempos; gerundio, participio e infinitivo — la troisième personne du singulier et du pluriel de tous les temps; gérondif, participe passé et infinitif — third person singular and plural of all tenses; gerundive, past participle and infinitive.
concernir	La tercera persona del singular y del plural del pres. y del imperf. del indic. y del pres. del subj. ; gerundio, participio e infinitivo — la troisième personne du singulier et du pluriel du prés. et de l'imparfait de l'indic. et du prés du subj.; gérondif, participe passé et infinitif — third person singular and plural of pres. and imperf. indic. and pres. subj.; gerundive, past participle and infinitive.

* Muy poco empleado — presque désuet — rarely used.

2. *Verbos que caen en desuso - verbes qui tombent en désuétude - verbs falling into disuse:*

	Sentido *Signification* Meaning	*Formas usadas* *formes usitées* forms in use
abarse	*apartarse*	infin.; imperativos 2ª pers. -impératifs 2e. pers. - 2nd. pers. imperatives: **ábate, abaos**
abolir	*suprimir*	formas cuya desinencia empieza por **i** — formes dont la terminaison commence par **i** — forms with endings starting in **i** = *indic. :pres.* **abolimos, abolís** + todas las formas de los otros tiempos — toutes les formes des autres temps - -all forms of other tenses; *subj.* :todo excepto el pres. — tout sauf le prés. — all except pres.; *imper.:* sólo -seul -only **abolid**; ger.-part.- inf.
adir	*aceptar la herencia*	Ger.- part.- inf.
agredir	*atacar*	Para algunos hispanohablantes, verbo defectivo como **abolir**, pero para muchos otros verbo normal con todas las formas de la conjugación. — Pour quelques hispanophones, il est un verbe défectif comme **abolir**, mais pour beaucoup d'autres, un verbe normal avec toutes les formes de la conjugaison. — For some Spanish speakers, a defective verb like **abolir**, but for many others, a normal verb with all conjugated forms.
aguerrir	*acostumbrar a la guerra*	Como-comme-like: **abolir**. Pero sólo el participio se emplea con cierta frecuencia. — Seul le participe passé s'emploie avec une certaine fréquence. — Only past participle used with any frequency.

aplacer	*agradar*	*Indic.*: tercera persona del sing. y del plur. del pres. y del imperf.; ger.- part.- inf. — *Indic.*: troisième personne du sing. et du plur. du prés. et de l'imparfait; ger.- part.- inf. — *Indic.*: third person sing. and plur. of pres. and imperf.; ger.- part.- inf. Muy poco usado — presque désuet — very rarely used.
arrecirse	*entumecerse por el frío*	Como-comme-like: **abolir**.
asir	*coger, agarrar*	Tiene todas las formas, pero en la práctica se evitan las formas irregulares (con g) del pres. del subj. y de la 1ª pers. sing. del indic. — Conserve toutes ses formes, mais en pratique les formes irrég. (avec g) du prés. du subj et de la 1ère pers. sing. de l'indic. sont évitées. — Has all forms, but in practice irregular forms (with g) in the pres. subj. and 1st pers. sing. indic. are avoided.
aterirse	*pasmarse de frío*	Inf. - part.
balbucir	*balbucear*	Muy poco usado — presque désuet — very rarely used. Faltan las siguientes formas — manquent les formes suivantes — the following forms are missing: 1ª pers. sing. pres. indic.; pres. subj.; 1ª, 3ª pers. imperativo.
blandir	*mover de un lado a otro*	Como-comme-like: **abolir**.
cernir	*cerner*	Inf. La conjugación de este verbo no se distingue de la de **cerner**. — La conjugaison de ce verbe ne se distingue pas de celle de **cerner**. — The conjugation of this verb cannot be distinguished from that of **cerner**.

153

colorir	*colorar,* *colorear*	Como-comme-like: **abolir**. Tiende a ser reemplazado por los sinónimos en **-ar**. — Tend à être remplacé par les synonymes en **-ar**. — Tends to be replaced by synonyms in **-ar.**
denegrir	*denegrecer,* *ennegrecer*	Ger.- part.- inf. Reemplazado por remplacé par — replaced by: **ennegrecer**.
descolorir	*descolorar*	Inf. - part.
embair	*engañar*	Como-comme-like: **abolir**.
garantir	*garantizar*	Como **abolir** en España. En América puede no ser defectivo. Tiende a ser reemplazado por **garantizar**. — Comme **abolir** en Espagne. En Amérique latine il peut ne pas être défectif. Tend à être remplacé par **garantizar**. — Like **abolir** in Spain. In Latin America it is sometimes not defective. Tends to be replaced by **garantizar.**
guarnir	*guarnecer*	Como-comme-like: **abolir**.
incoar	*comenzar*	Conjugado sólo en aquellas formas en las que el acento cae sobre la desinencia y no la **o** del radical. — Ne possède que les formes où l'accent tombe sur la désinence et non pas sur le **o** du radical. — Only has forms in which stress falls on the ending and not the **o** of the root. Formas que faltan — formes qui manquent — missing forms: pres. ind. sing. y 3ª pers. plur.; pres. subj.; imperativo salvo-sauf-except 2ª pers. plural.
manir	*ablandar* *(carne)*	Como-comme-like: **abolir**.

placer   *gustar*

Como-comme-like: **parecer** (p.88). Las formas irregulares son arcaicas — les formes irrégulières sont archaïques — irregular forms are archaic: (pret. ind.) **plugo, pluguieron**; (pres. subj.) **plega**; (pas. subj.) **pluguiera, pluguiese**. Tiende a limitarse su uso a la tercera persona y a un estilo rebuscado o literario. — Tend à s'employer seulement à la troisième personne et dans un langage recherché ou littéraire. — Tends to be used only in the third person and in flowery or literary language.

preterir   *omitir*

Inf. - part.

roer   *cortar menudamente con los dientes*

Tiene todas las formas pero en la práctica se evitan las del presente, sujetas a la variación. — Conserve toutes ses formes mais dans la pratique on évite celles du présent, sujettes à la variation. — Has all forms but in practice present-tense forms, subject to variation, are avoided: 1ª pers. sing. pres. indic. **roo, roigo, royo**; pres. subj. **roa, roiga, roya** etc. **Corroer** es regular - est régulier - is regular: **corroo, corroa** etc.

soler   *acostumbrar*

No se emplean las formas del futuro ni del condicional y son de muy poco uso las formas compuestas del pasado. — On n'emploie ni les formes du futur ni du conditionnel et les formes composées du passé sont très rares. — Future and conditional forms are never used and composite past forms (those with **haber**) are very rare.

transgredir, trasgredir	*infringir*	Para algunos hispanohablantes es defectivo como **abolir - agredir**. — Pour quelques hispanophones il est défectif comme **abolir - agredir**. — For some Spanish speakers it is defective like **abolir - agredir**.
usucapir	*adquirir por usucapión*	Ger.- part.- inf.
yacer	*estar tendido o sepultado*	Como **placer**, tiende a limitarse su uso a la tercera persona y a un estilo rebuscado o literario. — Comme **placer**, tend à s'employer seulement à la troisième personne et dans un langage recherché ou littéraire. — Like **placer**, tends to be used only in the third person and in flowery or literary language. Se conjuga como - se conjugue comme - is conjugated like: **parecer** (p.88), pero con formas variantes en el presente - mais avec des formes variantes au présent - but with variant forms in present: 1ª pers. sing. pres. indic. **yazco, yazgo, yago**; pres. subj. **yazca, yazga, yaga** etc.; 2ª pers. sing. imper. (arcaico-archaïque-archaic) **yaz, yace**.

Verbos con doble participio
Verbes à participe double Verbs with double participle

Verbo	*part. regular*	*part. irregular*
absorber	absorbido	absorto
bendecir	bendecido	bendito
circuncidar	circuncidado	circunciso
concluir	concluido	concluso
confesar	confesado	confeso
confundir	confundido	confuso
contundir	contundido	contuso
convencer	convencido	convicto
convertir	convertido	converso
despertar	despertado	despierto
difundir	difundido	difuso
dividir	dividido	diviso
elegir	elegido	electo
excluir	excluido	excluso
eximir	eximido	exento
expeler	expelido	expulso
expresar	expresado	expreso
extinguir	extinguido	extinto
freír	freído	frito
hartar	hartado	harto
imprimir	imprimido	impreso
incluir	incluido	incluso
injertar	injertado	injerto
invertir	invertido	inverso
juntar	juntado	junto
maldecir	maldecido	maldito
manumitir	manumitido	manumiso
nacer	nacido	nato
omitir	omitido	omiso
oprimir	oprimido	opreso
poseer	poseído	poseso *
prender	prendido	preso *
presumir	presumido	presunto *
proveer	proveído	provisto
recluir	recluido	recluso

---

* Hay una diferencia de sentido entre el participio regular y el irregular. — Il y a une différence entre le sens du participe régulier et celui de l'irrégulier. — There is a difference in meaning between the regular and irregular participles.

Los verbos españoles

salvar	salvado	salvo
sepultar	sepultado	sepulto
sofreír	sofreído	sofrito
soltar	soltado	suelto
sujetar	sujetado	sujeto
suspender	suspendido	suspenso
torcer	torcido	tuerto

Nota: Con **freír, desproveer, imprimir, prender, proveer** y **sofreír**, tanto la forma irregular como la regular funcionan como verdaderos participios, en tanto que con los demás verbos la forma irregular sólo se emplea como adjetivo verbal: p. ej. **está concluso**, pero no: ***lo hemos concluso**. Estas formas irregulares son cultas y en España se consideran afectadas a veces. En Argentina existen variantes cultas de los participios irregulares **descrito, inscrito, prescrito: descripto, inscripto, prescripto**. No incluimos tales formas aquí, ni tampoco varias formas calificadas como "participios" en las obras de consulta, pero que preferimos mirar como adjetivos puros y simples: p. ej. **abstracto, corrupto, marchito**.

Note: Avec **freír, desproveer, imprimir, prender, proveer** et **sofreír**, la forme irrégulière aussi bien que la régulière fonctionnent comme de vrais participes, tandis que dans les autres verbes la forme irrégulière s'emploie seulement comme adjectif verbal: p.ex. **está concluso**, mais non pas: ***lo hemos concluso**. Ces formes irrégulières sont des formes savantes et en Espagne on les considère parfois comme affectées. En Argentine il existe des variantes savantes des participes irréguliers **descrito, inscrito, prescrito: descripto, inscripto, prescripto**. De telles formes sont exclues de notre liste, tout comme une série d'autres désignées comme "participes" dans les ouvrages de référence, mais que nous préférons considérer comme des adjectifs purs et simples.

Note: With **freír, desproveer, imprimir, prender, proveer** and **sofreír**, both the irregular and the regular forms function as true participles, while the irregular forms of the other verbs are used only as verbal adjectives: eg. **está concluso**, but not: ***lo hemos concluso**. These irregular forms are learned and in Spain are sometimes considered affected. Argentinian Spanish uses learned variants of the irregular participles **descrito, inscrito, prescrito: descripto, inscripto, prescripto**. Such forms are excluded from our list, as well as several others described as "participles" in the standard reference works, but which we prefer to view as adjectives pure and simple.

158

Verbos con participio irregular
Verbes à participe irrégulier Verbs with irregular participles

Verb	*participio*
abrir[1]	abierto
cubrir[2]	cubierto
decir[3]	dicho
escribir[4]	escrito
hacer[5]	hecho
licuefacer[6]	licuefacto
morir	muerto
poner[7]	puesto
resolver[8]	resuelto
romper[9]	roto
satisfacer	satisfecho
ver[10]	visto
volver[11]	vuelto

[1] Como - comme - like **abrir: entreabrir, reabrir.**
[2] Como -comme - like **cubrir: descubrir, encubrir, recubrir, redescubrir.**
[3] Como -comme - like **decir: contradecir, desdecir** etc. pero no - mais non pas -but not **bendecir, maldecir.**
[4] Como - comme - like **escribir: adscribir, circunscribir, describir, inscribir, manuscribir, prescribir, proscribir, sobrescribir, su(b)scribir, tra(n)scribir.**
[5] Como -comme - like **hacer: contrahacer, deshacer** etc.
[6] Como -comme - like **licuefacer: rarefacer, tumefacer.**
[7] Como -comme - like **poner:** todos los derivados - tous les dérivés - all the derived verbs (**anteponer, disponer** etc.)
[8] Como -comme - like **resolver: absolver, disolver.**
[9] Pero **corromper** tiene un participio regular **corrompido.** — Mais **corromper** a un participe passé régulier: **corrompido.** — But **corromper** has a regular past participle: **corrompido.**
[10] Como -comme - like **ver: entrever, prever.** Para **proveer, desproveer,** véanse los verbos de doble participio. — Pour **proveer, desproveer,** voir les verbes à participe double. — For **proveer, desproveer,** see verbs with double participle.
[11] Como -comme - like **volver: devolver, (des)envolver, revolver.**

Verbos con preposiciones

Verbes et prépositions   **Verbs and prepositions**

Esta lista indica las preposiciones que se emplean regular o específicamente con los verbos del español. Nótese que hay verbos que en francés rigen una preposición, y no en español (p. ej. *permettre (à quelqu'un) de faire quelque chose)*

Cette liste indique les prépositions qui sont employées de façon régulière ou spécifique avec les verbes espagnols. Il faut remarquer qu'il y a des verbes qui régissent une préposition en français dont l'équivalent en espagnol s'emploie sans préposition (p. ex. *permettre (à quelqu'un) de faire quelque chose*)

This list includes prepositions used normally or specifically with the verbs of Spanish. Note that for some verbs governing a preposition in French (e.g. *permettre (à quelqu'un) de faire quelque chose*), the equivalent verb in Spanish is used without a preposition.

LA = Latinoamérica   *Cono Sur = Argentina, Chile, Uruguay*

A

abalanzarse a (hacer algo)/ sobre (la comida)
abandonarse a (su suerte)
abastar de (comida)
abastecer de (provisiones)
abatirse al (suelo)/ sobre (la presa)
abdicar de (las viejas ideas), en (su hijo/hija)
abismarse en (la tristeza).
abocarse con (un personaje famoso)/a (una persona abusiva) *(Cono Sur).*
abochornarse de (un comportamiento impropio)
abogar a favor de, en favor de, por (alguien)/ante (el tribunal) /contra (algo)
abominar de (la crueldad)
abonar (dinero) en (su cuenta de banco)
abonarse a (la revista)
abrasarse de (calor)
abrazarse a (alguien)
abrigarse contra (el frío) de (la tormenta)
abrirse a, con (los amigos)/ de (piernas)
abstenerse de (beber)
abstraer de
abstraerse de (su entorno)
abundar de, en (recursos naturales)
aburrirse con (alguien)/ de (esperar)/ por (no salir nunca)
abusar de (la confianza de alguien)
acabar de (llegar)/ en (el manicomio)/ (el trabajo) para (mañana)/ por (molestarse)
acalorarse con, en, por (una discusión)/ de (correr)
acceder a (una base de datos)
acelerarse a (salir)
acendrarse (la virtud) con, en (las pruebas)
aceptar (algo) de (alguien)

acercarse a (la meta)/ hacia (el enemigo)

acertar a (hacerlo) /con (el tesoro)/ en (la prueba)

aclamar al (ganador)

aclimatarse a (un país)/ en (Europa)

acobardarse ante, frente al (desafío)/ con (el frío)/ de (verse solo)

acodarse a (la ventana)/ en, sobre (la mesa)

acoger bajo (techo)/ en (casa)/ entre (los familiares)

acogerse a (la ley, un pretexto, etc.)

acometer a (la víctima)/ contra (el enemigo)

acomodar a (una persona) con (algo)

acomodarse a (las circunstancias)/ con (el adversario)/ de (todo lo necesario)

acompañarse al (piano)/ con, de (buenos amigos)

acondicionar con (sal y pimienta)

aconsejarse con, de (un especialista)

acoplar (el transbordador) a (la estación espacial)

acorazarse contra (las circunstancias adversas)

acordar (la voz) al (instrumento), con (un instrumento)

acordarse con (los adversarios)/ de (lo pasado)/ en, sobre (un proyecto de
    colaboración)

acostarse con (alguien) / en (el suelo)

acostumbrarse a (la situación)/ con (los demás)

acudir a (la cita)/ ante (las autoridades)

acusar a (alguien) de (un crimen)

acusarse de (un crimen)

achuchar (el perro) contra (el ladrón)

adaptar o adaptarse a (las circunstancias)

adelantar (la silla) hacia (el escritorio)

adelantarse a (otros) en (la carrera)

adentrarse en (la selva)

adestrarse o adiestrarse a (esgrimir)/ con (la espada)/ en (ese deporte)/ para la
    competencia

adherir o adherirse a (una decisión)

admirarse ante (un acontecimiento)/ de (saberlo)

adolecer de (una enfermedad)

adoptar a (un niño) por (hijo)

adornar con (guirnaldas)/ (la pared) de (cuadros)

adscribir o adscribirse al (puesto)

adueñarse de (las posesiones de otro)

advertir a (alguien) de (un peligro)

aferrarse a (las viejas ideas)

aficionarse a (los deportes)

afiliarse a (una asociación)

afinar (un instrumento) con (otro)

afirmarse en (lo dicho)

afligirse con, de, por (la situación)

aflojar en (el esfuerzo)
aflorar a (la superficie)
afluir (el público) al (estadio)
aforrar con, de, en (piel)
afrentarse de (su estado)
agarrar de, por (el pelo)
agarrarse a, de (un palo)
agobiarse con, de, por (el exceso de trabajo)
agradecer (algo) a (alguien)
agraviarse con (alguien) por (un insulto)
agregar (azúcar) al (café)
agregarse al (grupo)
aguantarse con (las reprimendas)
aguardar a (otro día)
ahitar o ahitarse de (manjares)
ahogarse de (calor)
ahondar en (el tema)
ahorcajarse en (los hombros de alguien)
airarse contra (alguien) de, por (lo que dijo)
aislarse del (mundo)
ajustar (sus gastos) a (sus ingresos)/ (un golpe) a (alguien) *(LA)* / (un trabajo) en
    (mil pesetas)
ajustarse a (las reglas)
alabar a (alguien) de (discreto) por (su prudencia)
alabarse de (valiente)
alargarse al (campo)/ en (la charla)
alcanzar a (hacer algo)/ al (techo)/ (la paga) hasta (fin de mes)/ para (todos)
aleccionar en (el modo de vestirse)
alegrarse con, de, por (algo)
alejarse del (lugar del crimen)
alentar con (falsas promesas)
aliar o aliarse (uno) a, con (otro)
alimentarse con (el pescado del río)/ de (puras verduras; esperanzas, etc.)
alindar (un terreno) con (otro)
alistarse en (el ejército)/ para (salir) *(LA)*
aliviar a (alguien) de (una responsabilidad)/ en (el trabajo)
alquilar (un piso) en, por (ochocientos dólares)
alternar con (la gente bien)/ en (el poder)/ entre (unos y otros)
aludir a (un tema)
alumbrarse con (la linterna) en (la oscuridad)
alzar (los ojos) al (cielo)/ (algo) del (suelo)
alzarse de (la silla)
allanarse a (las propuestas de los otros)
amagar al (enemigo) con (atacarlo)
amañarse a (escribir)/ con (sus colegas)

amarrar a (un tronco)

amenazar a (alguien) de (muerte)/ con (denunciarlo)

amparar a (los pobres) de (la persecución)/ en (la posesión)/ por (una garantía)

ampararse contra (el viento), de (la lluvia)/ con (un recurso)

andar en (pleitos, en el armario)/ (bien o mal) de (dinero, tiempo, etc.)/ tras (una chica)

andarse con (cicunloquios)/ en (las narices; asuntos ajenos)/ por (las ramas)

anegar en (sangre)/ de (tierra)

anegarse en (llanto)

animar a (alguien) a (hacer algo)

anteponer {la obligación) al (gusto)

anticipar (las gracias) a (alguien)/ (diez mil pesetas) sobre (el sueldo)

anticiparse a (hacer algo; un suceso; los deseos de otro)

añadir a (lo ya dicho)/ al (interés)

apacentarse con, de (ilusiones)

apañarse para (convencer al jefe)

aparecerse (la Virgen) a (los fieles)/ ante (alguien)

aparejarse al, para (el trabajo)

apartar a (un lado) de (uno)

apartarse a (un lado)/ del buen camino

apasionarse con, de, en, por (algo o alguien)

apear a (alguien) de (sus opiniones)

apearse del (autobús)/ en (este pueblo)/ de (sus posesiones) *(LA)*

apechugar con (la situación; sus responsabilidades)

apegarse a (la lectura)

apelar a (otro medio)/ ante (el tribunal)/ contra, de (la sentencia)

apenarse de, por (la desgracia)

apencar con (las consecuencias)

apercibirse a (luchar)/ de (todo lo necesario)/ de (lo que está pasando) *(LA)*

apesadumbrarse con, de (la noticia)

apestar a (perfume barato)/ con (sus lamentos)

apiadarse de (los desvalidos)

aplicarse al (estudio)

apoderarse de (sus posesiones)

aportar a (la causa)

apostarse en (el mejor lugar)/ apostárselas a (uno), con (uno)

apostatar de (la fe)

apoyar al (gobierno)/ (su argumento) en (hechos)

apoyarse en, contra (la pared)/ sobre (la columna)

apreciar a (alguien) en (mucho)

aprender a (leer)

aprestarse a (la lucha)

apresurarse a (venir)

apretar a (correr)/ contra (sí)/ entre (los brazos)

aprobar en (latín)

apropiarse de (lo ajeno)
apropincuarse a (algún lugar)
aprovechar en (los estudios)
aprovecharse de (la ocasión)
aprovisionar con (aviones)/ de (comida)
aproximar (una cosa) a (otra)
aproximarse a (su destino)
apuntar a (alguien; un blanco)/ hacia (la solución)/ apuntar (algo) en (un
    cuaderno)
apurarse con (un percance)/ por (hacer algo)
aquietarse con (la explicación)
arderse de (cólera)/ en amor
argüir a favor del (acusado)/ contra, en favor de (lo dicho)/ en apoyo de (la
    tesis)/ en contra de (la argumentación)
armar con, de (una pistola)
armarse de (valor, paciencia)
armonizar (una cosa) con (otra)
arraigarse en (el sur de Francia)
arrancar (información, promesas) a (uno)/a (uno) de (un vicio)/ del (siglo XVI)
arrancarse a (cantar)/ (el toro) contra (el picador)
arrasarse (los ojos) de, en (lágrimas)
arrebatar de, de entre (las manos)
arrebatarse de (ira)
arrebozarse con, en (la bufanda)
arrecirse de (frío) *(LA)*
arreglarse a (la realidad)/ con (el acreedor)
arrellanarse en (el sofá)
arremeter al, con, contra, para (el bandido)
arrepentirse de (sus culpas)
arrestarse a (algo; todo)
arribar al (puerto)
arriesgarse a (salir)
arrimarse a (la lumbre; la chica guapa, etc.)
arrinconarse en (casa)
arrojar (luz) sobre (el asunto)
arrojarse a, en (una situación peligrosa)/contra, sobre (el enemigo)/ de, por (la
    ventana)/ en (el mar)
arroparse con, en (la manta)
arrostrar con (los peligros)
asarse de (calor)
ascender a (coronel, director)/ de (categoría)/ en (la carrera)
asegurar contra (los accidentes)/ de (incendios)
asegurarse de (los hechos)
asemejarse a (algo, alguien)
asentir a (una petición, la verdad, etc.)

asimilar (una cosa) a (otra)
asir a (alguien) de (la ropa)/ por (los cabellos)
asirse a (las ramas)/ de (las cuerdas)
asistir a (los enfermos; la clase, etc.)
asociarse a, con (otra persona)
asomarse a (la calle)/ por (la ventana)
asombrarse de, con (los acontecimientos)
asonantar (una palabra) con (otra)
aspirar a (hacer algo)/ a (la mano de la princesa)
asustarse de, con (un ruido)
atar (el caballo) a (un tronco)/ con (cuerdas)/ de (pies y manos)
atarearse a (escribir)
atarse a (una sola opinión)/ en (una dificultad)
atascarse en (el lodo)
ataviarse con, de (lo ajeno)
atemorizarse con, de, por (algo)
atender a (la conversación)
atenerse a (lo seguro)
atentar a (la vida)/ contra (el honor)
atiborrarse de (comida)
atinar al (blanco) con (la casa)/ en (la respuesta)
atollarse en (el lodo)
atraer a (su bando)/ (problemas) sobre (sí)
atrancarse en (el pantano)
atreverse a (decir groserías)/a (cosas grandes)/ con (todos)
atribuir (este poema) a (un autor desconocido)
atribularse con, en, por (los trabajos)
atrincherarse con (una tapia)/ en (un repecho)
atropellar con, por (todo)
atropellarse en (sus acciones)
atufarse con, de, por (poco)
aunarse con (otra persona)
ausentarse de (su casa)
autorizar a (uno) para (hacer algo)/ con (su firma)
avanzar a, hacia, hasta (las líneas enemigas)
avecindarse en (esta ciudad)
avenirse a (todo)/ entre (amigos)
avergonzarse a, de (pedir algo)
averiguarse con (uno)
avezarse a (una vida delictiva)
aviarse de (ropa)/ para (salir)
ayudar a (alguien) a (triunfar)/ con (recursos)/ en (la dificultad)
ayudarse de (la recomendación)

B

bajar al (sótano)/ del (autobús), etc.

barajar con (la vecina)

barbear con (la pared)

basarse en, sobre (buenos principios)

bastar con (eso)/(el dinero) a, para (pagar las deudas)

bastarse a (sí mismo)

batallar con, contra (el adversario)/ por (los hijos)

beneficiarse a (un hombre) /con, de (las nuevas disposiciones)

bienquistarse con (el jefe)

blasfemar contra (Dios)/ de (las virtudes)

borrar a (alguien) de (la lista)

bregar con, en (los quehaceres domésticos)/ por (los hijos)

brindar a (la salud de alguien)/ (una oportunidad) a (alguien)/ a (alguien) con (regalos)/ por (el amigo ausente)

brotar de (la tierra; un cuento de hadas, etc.)

burlar al (enemigo)

burlarse de (nuestros escúpulos)

C

cagarse de (miedo)

calarse de (agua)

calificar o calificarse de (sabio)

callar (la noticia) a (alguien)

cambiar (una cosa) con, por (otra)/ (dólares) en, por (pesos)/ de (camisa)/ (algo) de (sitio)

cambiarse a (otra cosa)/ (la risa) en (llanto)

canjear (una cosa) por (otra)

cansarse de, con (la novia)

capitular con (el enemigo)/a (alguien) de (fraude)

caracterizarse de (rey)/ por (su solidez)

carcajearse de (la disciplina)

carecer de (medios)

cargar a (uno) de (nuevas responsabilidades)/ a (uno) de (no ser cumplido)/a (flete) con (el saco; todos los gastos)/ contra (el adversario)/ de (trigo)/ sobre (alguien)

cargarse con (la responsabilidad)/ de (hijos)/al (adversario político)/ a (una fulana)

casar (una cosa) con (otra)/ (el hijo) con (la hija del vecino)

casarse con (su novia)

castigar a (alguien) de, por (un delito)/ (mucho) a (un caballo)

cavilar sobre (el asunto)

cebarse con (alguien)/ en (la venganza; un estudio)

ceder a (los cambios)/ ante (la fuerza)/ de (sus pretensiones)

cegarse de (cólera)/ con (su amor)

cejar ante (las dificultades)/ (no cejar) en (sus esfuerzos)

ceñir a (sus sienes)/ de (flores)/ (una fortaleza) con (una muralla)
ceñirse al (tema)
cerciorarse de (un hecho)
cernerse sobre (la presa)/(un peligro) sobre (uno)
cerrar con, contra (el enemigo)
cerrarse a (toda consideración)/ en (callar)
cesar de (correr)/ a (una persona) en (su empleo)
cifrar (su dicha) en (la virtud)/ (una suma) en (miles de pesos)
circular por (la calle)
circunscribirse a (un solo tema)
ciscarse en (las teorías abstractas)
clamar a (Dios)/ de (dolor)/ por (la justicia)
clamorear (las campanas) a (muerto)/ por (alguna cosa)
clasificar a (los alumnos) por (mérito)/ según (sus aptitudes)
cobrar de (los deudores)/ (200 pesos) por (arreglarlo)/ (cariño) a (alguien)/ al
      (número de teléfono llamado)
codearse con (gente de categoría)
coexistir (un pueblo) con (otro)
cohibirse ante (el público)/ con (una persona)/ de (hacer algo)
coincidir con (alguien)/ en (gustos)
colaborar a, en (un proyecto)/ con (un amigo)
colarse en (el examen)
colegir (algo) de, por (los antecedentes)
colgar de (un clavo)/ en (la percha)
coligarse con (los manifestantes)
colindar con (mi terreno)
colmar de (favores)
colorear de (azul)
combatir con, contra (el enemigo)/ por (una causa)
combinar (una cosa) con (otra)
comedirse a (hacer algo) *(LA)* / en (las palabras, su conducta)
comenzar a (hablar)/ con (el discurso)/ por (darle las gracias)
comerciar con (una empresa) en (productos básicos) /al (por mayor)
comerse (unos) a (otros)/de (envidia)
compadecerse de (la viuda)
compaginar (el trabajo) con (el placer)
comparar (una cosa) a, con (otra)
compartir (la comida) con (otro), entre (varios)
compeler (a alguien) a (cumplir con lo prometido)
compensar (una cosa) con (otra)/(a alguien) de (las molestias)/ por (las pérdidas)
competir con (otra cosa o persona)/ en (precio)/ por (el puesto)
complacer a (un amigo) con (sus atenciones)
complacerse con (la noticia)/ de, en (anunciar una noticia feliz)
completar (el libro) con (un capítulo final)
complicar (el trato) con (exceso de cortesía)

170

complicarse en (un negocio dudoso)
componerse con (los acreedores)/ (la obra) de (varias partes)
comprimirse en (los gastos)
comprobar con (el testigo)
comprometer a (otro) en (un negocio)
comprometerse a (hacerlo)/ con (alguien)/ en (una empresa)
computar (la potencia) en (kilovatios)
comunicar (la noticia) al (público)/ (a una persona) con (otra)
comunicarse (el fuego) al (edificio al lado)
concentrar (el poder) en (una sola persona)
concentrarse en (el estudio)
concernir (una cosa) a (alguien)
concertar (uno) con (otro)/ (una venta) en (mil dólares)
conciliar a (dos personas enemistadas)/ (una cosa) con (otra)
concluir con (una ceremonia de clausura)/ de (hacer el trabajo)/ por (vender la casa)
concordar (la copia) con (el original)/ en (género y número)
concretarse a (dar su opinión)/ (su idealde la belleza) en (una sola mujer)
concurrir a (las urnas)/ al (éxito, etc.)/ con (otras personas)/ en (una opinión)
condenar a (alguien) a (una multa; un año de cárcel)
condensar (los dos tomos) en (uno)
condescender a (los ruegos de alguien)
condicionar (el beneficio) a (la tarea)
condolerse de (las penas)
conducir (una cosa) al (desastre)/ a (una persona) por (el pasillo)
conectar (un aparato) a (tierra)/ a (una persona) con (otra)/con (el espíritu europeo)
confabularse con (los conspiradores)/ para (el golpe)
confederarse con (los del Sur)
conferir (un honor) a (alguien)/ (un documento) con (otro)/ entre (amigos)
confesar (su crimen) a (la policía)
confesarse a (Dios)/ con (alguien)/ de (sus culpas)
confiar (la responsabilidad) al (nuevo director)/ (algo) al (azar)/ en (alguien; el éxito de algo, etc.)
confiarse a (su mejor amigo; la buena voluntad del jefe)
confinar (a alguno) a, en (un lugar)/ (México) con (Estados Unidos)
confirmar a (alguien) como (poeta)/ de (sabio)/ en (la fe)
confirmarse en (su opinión)
confluir a (la plaza)/ con (otros)/ en (un sitio)
conformar (su opinión) a, con (la de otros)
conformarse al (modelo)/ con (la situación)
confrontar a (una persona) con (otra); (un manuscrito) con (otro)/ (dos ediciones) entre (sí)
confundir a (una persona) con (atenciones)/(una cosa) con (otra)
confundirse de (número)/ con (la multitud)/ en (sus opiniones)
congeniar con (el padre de la novia)

congraciarse con (otra persona)

congratularse con (los suyos)/ del (triunfo)/ por (la victoria)

conjeturar (algo) de, por (los hechos)

conjurarse con (los conspiradores)/ contra (el tirano)

conminar al (enemigo) a (rendirse)/ a (alguien) con (una multa)

conmutar (una cosa) con, por (otra)/ (una pena de muerte) en (una sentencia de cárcel)

consagrar o consagrarse al (trabajo)

conseguir (algo) de (alguien)

consentir con (los caprichos)/ en (hacer algo)

conservarse con, en (salud)/ hasta (la fecha indicada)

consistir de (muchos elementos diferentes) *(LA)* / (el trabajo) en (tareas administrativas)/ si en mí consistiese

consolar (a uno) de (no poder ir)/ en (su aflicción)

consolarse con (sus familiares)/ de (la pérdida)/ en (Dios)

conspirar a (hacer algo)/ con (otros)/ contra (alguien)/ en (un intento)

constar (la obra) de (varios tomos)

constituir a (uno) en (una obligación)/ (la nación) en (república)/ (una hipoteca) sobre (la propiedad)

constituirse en, por (juez)/ en (un sitio)

constreñir a (alguien) a (hacer algo)

construir (una palabra) con (otra)/ (el verbo) en (subjuntivo)

consultar con (especialistas)/ a (alguno) para (un empleo)/ (un abogado) sobre (un asunto)

consumirse con (la fiebre)/ de (rabia; verlo sufrir, etc.)

contagiarse a (la gente)/ de (una enfermedad; un amigo)

contaminarse con, de (las malas influencias)

contar (algo) a (alguien)/ como (delito)/ con (su ayuda)/ de (uno) a (diez)/ de (dos) en (dos)/ a (alguien) entre (sus amigos)/ (algo) por (seguro)

contemporizar con (el adversario)

contender con (alguien)/ contra (los invasores)/ sobre (filosofía)

contenerse de (beber)/ en (sus deseos)

contentarse con (cualquier cosa)

contestar a (un saludo) / con (el declarante)

continuar con (salud)/ en (su puesto)/ por (buen camino)

contraer (algo) a (ciertos límites)/ (amistad) con (alguien)

contraerse a (objetivos específicos)

contrapesar (una cosa) con (otra)

contraponer (una cosa) a, con (otra)

contrastar (una cosa) con (otra)/ (dos cosas) entre (sí)

contratar a (alguien) en (mil pesetas) por (tres meses)

contratarse para (actuar en París)

contravenir a (la ley)

contribuir a (los resultados)

convalecer de (una enfermedad)

convencerse con (sus argumentos)/ de (la razón)
convenir (una cosa) a (alguien)/ con (alguien)/en (alguna cosa)
convenirse a, con, en (la propuesta)
converger (los esfuerzos) a (un fin común)/ (los caminos) en (un punto)
convergir (los esfuerzos) a (un fin común)/ (los caminos) en (un punto)
conversar con (el vecino)/ sobre (literatura)
convertir a (alguien) al (cristianismo)/ (un valor) en (dinero)
convertirse al (cristianismo)/ (el dolor) en (placer)
convidar (a alguien) a (comer)/ con (un billete)/ a, para (el concierto)
convidarse a, para (la fiesta)
convivir con (otros)
convocar a (junta)
cooperar a (alguna cosa)/ con (otro)/ en (el esfuerzo)
coquetear con (alguien)
coronar con, de, en (flores; éxito, etc.)/ por (rey)
corregirse de (sus errores)
correr a (caballo)/ a (una persona) de (la oficina, su puesto) *(LA)* / con (los
    gastos)/ por (tu cuenta)
correrse de (vergüenza)/ en (la propina)/ hacia (un lado)
corresponder a (los favores)/con (un amigo; nuestros principios, etc.)
coserse (unos) a, con, contra (otros)
cotejar (la copia) con (el original)
creer en (Dios)/ (algo) de (una persona)
criarse en (buena cuna)/ en (buenos pañales)
cruzar (un macho) con (una hembra)/ (palabras, la espada) con (alguien)
cruzarse con (alguien) en (la calle)
cuadrar (algo) a (una persona)/ (lo uno) con (lo otro)
cubrir o cubrirse con, de (joyas)/ de (gloria)/ contra (algún riesgo)
cuidar de (una obligación; no caer, etc.)
cuidarse de (un problema; lo que dice la gente, etc.)
culminar (la fiesta) con (un banquete)/ (la discusión) en (un escándalo)
culpar (a uno) de (descuidado)/ (a uno) por (lo que hace)
cumplir con (su deber)
cundir (la noticia) por (la ciudad)
curar a (alguien) de (una enfermedad) con (medicamentos)
curarse con (antibióticos)/ de (la gripe; una situación)/ en (salud)

CH

chacotearse de (algo)
chancearse con (un amigo)/ de (otra persona)
chapar con, de (oro)
chapear (la cocina) con, de (azulejos)
chocar a (la gente) /con (el coche)/ contra (la pared)

D

dañarse del (brazo)

dar (algo) a (alguien)/a (uno) de (palos)/ con (el nombre; el muro, etc.)/ con (un
   canto en los dientes)/ con (la carga) en (el suelo)/ (consigo) en (la cárcel)/ de
   (narices) contra un árbol/ de (sí)/ en (llamarle Chucho; la respuesta)/(lo) por
   (terminado)/ (le) da por (no venir a clase)/ tras (ella)

darse a (la bebida; creer que...)/ dársela a (su marido)/ con (una piedra) en (la
   espinilla)/ contra (un árbol)/ de (bofetadas)/ por (satisfecho)

datar (un monumento) de (tiempos antiguos)

deber de (ser muy caro)

deberse a (las malas condiciones; que falta dinero)

decaer de (ánimo)/ en (belleza)

decidir a favor de, en favor de (alguien)/ de (nuestras vidas)/ por (su padre)/
   sobre (el asunto)

decidirse a (ir)/ a favor del , en favor de l (testigo)/ por (otra alternativa)

decir (algo) a (alguien)/ (mal) de (nuestro gobierno)/ (el color) con (su cutis)

declarar al juez/ (culpable) a (alguien)/ (a alguien) por enemigo

declararse (un hombre) a (una mujer)/ a favor de, por,,en contra de (una idea)

dedicar (tiempo) al (asunto)

dedicarse a (la empresa)

deducir de, por (los hechos)

defender a (alguien) contra (el frío)/ del (enemigo)

defenderse contra (el frío)/ del (enemigo)

defraudar al (fisco)/ (trigo) del (almacén)

degenerar (la manifestación) en (una revuelta sangrienta)

dejar de (llamar)/ a (alguien) en (paz)/ (el negocio) en manos del (hijo)/ (el
   trabajo) para (después)

dejarse de (bromas)

delatar a (la policía)

delegar al (consejero)

deleitarse con (la música) / en (la contemplación del paisaje)

deliberar sobre (la venta)

demandar ante (el juzgado)/ a (uno) por (calumnia, daños)/ en (juicio)

demorarse en (el pago)

departir con (el amigo) de, sobre (la noticia)

depender de (la voluntad del jefe)

deponer ante (el juez)/ contra (un criminal) / a (alguien) de (su puesto)

deportar a (alguien) a (otro país)/ de (su tierra)

derivar (una palabra) de (otra)/ hacia (otro tema)

derivarse de (tal causa)/ hacia (otro tema)

derretirse de (calor)/ por (una mujer)

derribar al (suelo)/ en, por (tierra)

derrocar al (suelo) por (tierra)

desabrirse con (alguien)

desacertar en (la elección)

174

desacordarse de (algo)
desacostumbrarse al (frío)/ de (la siesta)
desacreditar al (líder político)
desaferrar a (uno) de (una opinión)
desafiar (a alguien) a (un partido)
desaguar (un río) en (otro)/ (un pantano) por (las esclusas)
desaguarse por (un tubo)
desahogarse con (su amigo)/ de (sus penas)
desairar a (alguien) en (sus pretensiones)
desalojar del (piso)
desaparecer de (su casa)
desapoderar a (alguien) de (sus atribuciones)
desarraigar del (campo)
desasirse de (las trabas)
desatarse de (un árbol; un compromiso)/ en (insultos)
desavenirse con (su novia)/ entre (sí)
desayunar con (café)
desayunarse de (una noticia)/ con (café)
desbancar a (alguien) de (su puesto)
descabalgar del (mulo)
descabezarse con (un disgusto)/ en (una dificultad)
descansar del (esfuerzo)/ (el argumento) en, sobre (los siguientes hechos)
descansarse en (alguien)
descararse a (pedir algo)/ con (sus superiores)
descargar (un golpe) contra (la represión), en (uno), sobre (la mesa)/(los sacos)
    del (camión)/ (la tormenta) en (la sierra)
descargarse con, contra (alguien)/de (un secreto; una acusación)
descarriarse del (buen camino)
descartarse de (un compromiso)/ del (as)
descender al (sótano)/ de (buena familia)
desclavar (un cuadro) de (la pared)
descolgarse por (una pared)/ con (una estupidez)
descollar entre (los demás)/ de (sus otras obras)/ sobre (los demás edificios)
descomponerse con (un amigo)/ en (varias partes)
desconfiar de (algo o alguien)
descontar de (un préstamo)
descubrirse a, con (su amiga)
descuidarse de, en (su obligación)
desdecir de (su patria)
desdecirse de (su promesa)
desdeñarse de (hablar con los demás)
desdoblarse (una imagen) en (tres)
desechar a (una persona) del (pensamiento)
desembarazarse de (estorbos)
desembarcar del (barco)/ en (el muelle)
desembocar en (el mar)

desempeñar a (alguien) de (sus deudas)
desempeñarse de (sus deudas)
desenfrenarse en (la lujuria)
desengañarse de (ilusiones)
desenredarse del (nudo)
desentenderse de (las decisiones)
desenterrar del (subsuelo)/ de entre (la arena)
desentonar (un color) con (otro)
desertar al (campo enemigo)/ de (su deber)
desesperar de (lograr sus objetivos)
desfogar (su cólera) con, en (su amigo)
desgajarse del (tronco)
deshacer (la pastilla) en (agua)
deshacerse del (coche viejo; amigo importuno)/ en (elogios, excusas)/ por (las mujeres)
designar a (alguien) con (su nombre)/ para (el puesto)/ (una cosa) por (tal término)
desinterarse de (la conversación)
desistir de (la idea)
deslizarse al (pecado)/ en (los vicios)/ entre (las piernas)/ sobre (el hielo)
deslumbrar al (público) con (su oratoria)
desmentir a (uno)/ (una cosa) de (otra)
desmerecer (una cosa) de (otra)
desmontarse de (la motocicleta)
despachar con (alguien)
despacharse con, contra (su jefe)
despedir a (alguien) de (su puesto)
despedirse de (la familia)
despegarse de (la familia)
despeñarse al, en (el vacío)/ de (la cúspide)/en (el vicio)/ por (la pendiente)
despepitarse de (risa)/ por (ir al cine)
despertar al (niño)/ de (un mal sueño)
despertarse a (la realidad)
despoblarse de (gente)
despojar a (alguien) o despojarse de (la falda)
desposarse con (una viuda)/ por (poderes)
desposeer de (su fortuna)
despotricar contra (el director)
desprenderse de (sus joyas)
despreocuparse del (negocio)
desproveer a (alguien) de (recursos)
desquitarse de (la pérdida)
destacar (un color) de (los otros)/ en (matemáticas)/ entre (los compañeros)/ por (su simpatía)
destacarse contra, en, sobre (el horizonte)

desternillarse de (risa)

desterrar a (alguien) a (una isla)/ de (su patria)

destinar a (la escuela)

destituir de (un cargo)

desunir a (un amigo) de (otro)

desuñarse por (el juego)

desvergonzarse a (pedir una recomendación)/ con (su amigo)

desvestirse de (los hábitos)

desviarse del (camino) hacia (el oeste)

desvivirse con (ella)/ por (los amigos; conocer París)

detenerse a (mirar)/ con, en (los obstáculos)

determinarse a (marcharse)/ a favor de, en favor de (alguien)/ por (el más joven)

devenir en (país del primer mundo) *(LA)*

devolver (algo) a (su propietario)/ (a alguien) al (punto de partida)/ (mal) por (bien)

diferenciarse (un hombre) de (otro)

diferir (algo) a, hasta, para (septiembre)/ de (hoy) a (mañana)/ en (sus ideas)/ entre (ellos)/ por (una semana)

dignarse en (saludarlo)

dilatar (una decisión) a, para, hasta (otro día)

diluir (un sólido) en (un líquido)

dimanar (una cosa) de (otra)

dimitir del (cargo)

diptongar (la o) en (ue)

dirigir (algo; a alguien) a, hacia (un lugar)/a (alguien) en (una actividad)

dirigirse a, hacia (un lugar, una persona)

discernir (una cosa) de (otra)

discordar del (profesor)/ en (sus puntos de vista)/ sobre (la solución)

discrepar de (una persona; una opinión)/ en (su punto de vista)

disculpar al (alumno) con (el maestro)

disculparse ante (el público)/ con (el director) del (error)/ por (llegar tarde)

discurrir de (un tema a otro)/ por (lugares montañosos)/ sobre (filosofía)

discutir (una orden) al (director)/ con (alguien)/ de, sobre (política)

disentir del (adversario)

disertar acerca de, sobre (literatura)

disfrazar al (rey) de (campesino)/ (los hechos) con (promesas)

disfrazarse de (gitana, labriego, etc.)

disfrutar con (los amigos, un buen libro)/ de (buena salud; las rentas de su finca)

disgregarse en (pedazos)

disgustarse con (alguien)/ de (un comentario)/ por (su comportamiento)

disipar (el dinero) en (cosas inútiles)

disolver con (aceite)/ en (agua)

disonar (un color) con, de (otro)

disparar contra (el enemigo)

dispensar de (asistir)

dispersarse en (fragmentos)/ por (el campo)

disponer a (alguien) a (bien morir)/ de (recursos abundantes)

disponerse a, para (salir)

disputar con (su padre) de, por, sobre (algún asunto)

distanciarse de (su familia)

distar (una lugar varios kilómetros) de (otro)

distinguir con (un premio)/ entre (los demás)/ por (leal)

distinguirse de (sus contemporáneos)/ en (el estudio)/ entre (sus compañeros)/ por (su calidad)

distraer al (profesor) de (su razonamiento); a (los afligidos) de (su dolor)

distraerse con (la música)/ de (sus ocupaciones, responsabilidades)

disuadir de (su proyecto)

divagar del (tema)

divertirse a costa de (alguien)/ con (alguien; los sentimientos de alguien)/ en (dibujar)

dividir con (las amigas)/ (una cosa) de (otra)/ en (varias secciones)/ entre (los presentes)/ por (la mitad)

dividirse en (partes)

divorciar (una cosa o persona) de (otra)

divorciarse de (su marido)

doblar (el salario) al (trabajador)/(la campana) a (muerto)/ a (alguien) a (palos), de (un golpe)/ hacia (la izquierda)/ hasta (la cintura)

doblarse a (las circunstancias)/ del (esfuerzo)/ hasta (ei suelo)/ por (el trabajo duro)

dolerse con, de (un desafortunado)/ de (las injusticias)

domiciliarse en (un lugar)

dotar con(dinero)/ de (ropa)/ en (diez millones)

dudar acerca de, sobre (su honestidad)/ de (su amor/ en (salir)/ entre (una cosa y la otra)

durar en (el mismo sitio)/ por (mucho tiempo)

E

echar (azúcar) al (café)/ a (correr; faltar; reír; perder, etc.)/ al (hijo) de (casa)/ detrás del, tras (el fugitivo)/ en (falta; el suelo, etc.)/ hacia (la carretera) sobre (sí, la carga)/ para (adelante, atrás)/ por (esa dirección; una calle)

echarse al (campo)/ (encima) a (alguien)/ detrás del, tras (el fugitivo)/ en (la cama)/ para (la pared)/ por (el suelo)/ sobre (el enemigo)

ejercitarse en (el deporte)

elevar (sus pensamientos) a (Dios); (una cantidad) a (una potencia)

elevarse al, hasta (el cielo)/ (la suma) a (cien dólares)/ del (suelo)/ en (éxtasis)/ por (las nubes)/ sobre (los prójimos)

eliminar a (un jugador) de (la selección nacional)

emanar (simpatía) de (su persona)

emanciparse de (la esclavitud)

embarazarse con (muchos paquetes)

embarcarse con (un socio)/ de (pasajero)/ en (un barco)/ para (las Antillas)
embebecerse en (mirar)
embeberse con (la música)/ del (espíritu de Platón)/ en (la lectura)
embelesarse con (una muchacha)
embestir a (alguien)/ con, contra (el enemigo)
embobarse con, de, en (algo o alguien)
emborracharse con, de (tequila)
embozarse con, de (la capa)/ en (el abrigo)
embravecerse con, contra (los débiles)
embriagarse con (aguardiente)/ de (alegría)
embrollarse en (un asunto)
embutir (algo) a (alguien)/ de (algodón)/ (una cosa) en (otra)
emerger del (agua)
emigrar a (Francia)/ de (España)
emocionarse con, por (algo)
empacharse con, de (la comida)
empalagarse con, de (dulces)
empalmar (un remolque) en (el camión)/ (un tren) con (otro)
empaparse de (ciencia)
empapuzarse de (comida)
emparejar con (algo/alguien)/ (una cosa) con (otra)
emparentar con (buena familia)
empatar a (dos goles) con (el Real Madrid)
empedrar con, de (adoquines)
empeñarse en (deudas; hacer algo)/ por (alguien)
emperrarse con (el juego)/ en (comprarse un coche)
empezar a (brotar)/ por (el principio; presentarse)
emplazar a (alguien) para (una fecha determinada)
emplear a (alguien) para (trabajar)
emplearse como, de (mensajero)
empotrar en (el muro)
emprenderla con (alguien)
emular a (alguien)/ (con alguien - *raro*)
enamorarse de (alguien)
enamoricarse de (una muchacha)
enamoriscarse de (una muchacha)
encajar (algo) a (alguien/ (una cosa) con (la otra)
encajarse en (la fiesta)
encalabrinar a (alguien)
encalabrinarse con, de (la secretaria)
encallar (el barco) en (la arena)
encaminarse a (realizar un proyecto; un objetivo)/ a, hacia (un sitio)
encamotarse de (alguien) *(LA)*
encapricharse de (un vestido)/ con (un chico)
encaramarse al (tejado)

179

encararse a, con (el director)
encargar (algo) a (alguien)
encargarse de (los negocios)
encariñarse con (una chica)
encarnizarse con, en (los derrotados)
encasillarse en (un partido)
encasquetar (una idea) a (alguien)
encauzarse en (la vida)
encenegarse en (el barro)
encenderse de (cólera)
encerrar (algo) en (una caja)/ (la cita) entre (paréntesis)
encerrarse en (su casa)/ entre (cuatro paredes)
enclavar en (un sitio)
encomendar (el niño) a (su abuela)
encomendarse a (Dios)
enconarse con (un impertinente)
encontrarse con (un amigo; un obstáculo)
encuadernar (un libro) en (cuero)
encuadrar (una cosa o actividad) en (otra más amplia)
encuadrarse en (un partido)
encumbrarse a, hasta (el cielo)/ sobre (sus paisanos)
encharcarse en (los vicios)
endurecer a (alguien) a (los peligros)
endurecerse a (los peligros)
enemistar a (uno) con (otra persona)
enfadarse con, contra (alguien)/ de, por (la respuesta)
enfangarse en (los vicios)
enfermar con (el trabajo)/ del (corazón)
enfermarse del (hígado)
enfilar hacia (la salida)
enfocarse a, sobre (un tema)
enfrascarse en (la lectura)
enfrentarse al, con (el enemigo)
enfundar (a un niño) en (un abrigo grueso de invierno)
enfurecerse con, contra (su hermano)/ de (las injusticias)
engalanar (los balcones) con, de (banderas)
engalanarse con (méritos ajenos)
enganchar o engancharse (la camisa) con, en (un clavo)
engañar a (alguien) con (falsas esperanzas, el vecino, etc.)
engañarse con, por (las apariencias)
engastar con (perlas)/ en (oro)
englobar (varias cantidades) en (una sola)
engolfarse en (los vicios)
engolosinarse con (los deleites de la vida)
engreírse con, de (su prosperidad)

180

enjuagarse con (agua)
enlazar (una cuerda) a, con (otra)
enloquecer(se) de (disgustos)
enmascararse de (persona influyente)
enmendarse con, por (el aviso)/ de (un error)
enojarse con, contra (la familia)/ de (la mala noticia)
enorgullecerse de (sus hazañas)
enredar a (una persona) con (otra)
enredarse (una cosa) a, con, en (otra)/ de, en (palabras)
enriquecer o enriquecerse con (el dinero ajeno)/ de (virtudes)
enrolarse en (el ejército)
enrollarse con (alguien)/ en (asuntos turbios)
ensangrentarse con (los presos)
ensañarse con, en (los vencidos)
ensayarse a, para (cantar)/ en (la pintura)
enseñar a (alguien) a (leer)
enseñorearse de (una propiedad)
ensimismarse en (sus pensamientos)
ensoberbecerse con, de (su fortuna)
ensuciarse con, de (lodo)
entapizar con, de (ricos tejidos; alfombras)
entender de (mecánica)
entenderse con (la vecina)/ en una lengua extranjera
enterarse del (contenido)
enternecerse con (los niños pobres)
enterrar(se) en (el olvido)
entibiarse con (un amigo)
entonar (un canto, un color) con (otro)
entrar a, en (la iglesia)/ en (detalles; una profesión, etc.)
entregar (algo) a (alguien)
entregarse a (estudiar, la policía)
entremeterse con (los mejores)/ en (asuntos ajenos)
entremezclar o entremezclarse con, en (una sustancia)
entresacar (las plantas) de (un campo)
entretenerse con (una novela)/ en (oír música)
entrevistarse con (alguien)
entristecerse con, de, por (las malas noticias)
entrometerse con (los mejores)/ en (asuntos ajenos)
entroncar (una cosa) con (otra)
entusiasmarse con, por (algo)
envanecerse con, de, en, por (el éxito)
envejecer con, de, por (el duro trabajo)
envenenarse de (cianuro)
enviar a (alguno) a (un encargo)/ por (el médico)
enviciarse con, en (el juego)

envolver o envolverse con, en, entre (cobijas)
enzarzarse en (una discusión)
equidistar de (Londres) y (París)
equipar con, de (provisiones)
equiparar (una cosa) a, con (otra)
equivaler (una cosa) a (otra)
equivocar (una cosa) con (otra)
equivocarse con (otro)/ de (número)/ en (su elección)
erigir (alguien) en (árbitro)
erigirse en (juez)
escabullirse de (la trampa)/ por entre (la multitud)
escapar a (alguien)/ de (la cárcel, mis manos)
escaparse con (el botín)/ de (morir)
escarbar en (sus asuntos privados)
escarmentar con (la desgracia)
escindirse en (dos partes)
esconderse de (la policía)/ en (un lugar seguro)
escribir a (máquina)/ de, sobre (un tema)
escrupulizar en (pequeñeces)
escudarse de (la religión)/ en (la autoridad)
esculpir a (cincel)/ en (mármol)
escupir a (la cara) /en (el suelo)
escurrirse de, de entre (las manos)/ entre (la multitud)
esforzarse en/ por (hacer algo bien)
esfumarse de (la vista)/ en (la distancia)
esmerarse en (atenciones)/ por (ser amable)
espantarse con, de, por (el ruido)
especializarse en (una disciplina)
especular con, en, sobre (valores, productos)
esperar a que (alguien haga algo)/ (algo) de (alguien)/ en (Dios)
establecerse de (médico)/ en (un lugar)
estar a (la orden de otro; lo que resulte)/ con (una enfermedad)/ contra (la
    decisión)/ en (algo, alguien)/ de (malhumor; regreso; viaje, etc.) para (salir)/
    por (hacer algo)/ sobre (sí)/ tras, tras de (alguien)
estimar a (alguien) como (amigo), en (mucho)/(un diamante) en (miles de
    dólares)
estimular a (alguien) a (hacer algo)/ con (actos de generosidad)
estirar de (la cuerda)
estragarse con (el alcohol)/ (por las malas compañías - *raro*)
estraperlear con (contrabando)
estrechar entre (los brazos)
estrecharse con (alguien)/ en (las propinas)
estrellarse con (una dificultad)/ contra (un árbol)/ en (el poste)
estremecerse de (miedo)
estrenarse con (una obra maestra)

estribar (el pie) en (el travesaño)/ (el éxito) en (el esfuerzo)
estudiar con (los jesuitas)/ para (médico)
evadirse de (la cárcel)
evaluar (una joya) en (cinco millones)
exagerar con (la bebida)/ en (la dosis)
examinar o examinarse de (una materia)
exceder (la realidad) a (la ficción)/ de (lo corriente)/ en (autoridad)
excederse a (sí mismo) de (sus posibilidades)/ en (sus funciones)
exceptuar a (alguien) de (un reglamento)
excitar (la gente) a (la rebelión)
excluir a (alguien) de (algún sitio o actividad)
exculpar a (alguien) de (una falta)
excusarse con (su amigo)/ de (hacer algo)/ por (llegar tarde)
exhortar a (alguien) a (hacer algo)
exhumar (algo) del (olvido)
eximir o eximirse de (sus obligaciones)
exonerar del (impuesto)
expansionarse con (un amigo)
expeler de (un sitio)
explayarse con (los amigos)/ en (discursos)
exponerse a (las consecuencias)
expulsar a (alguien) de (algún sitio)
expurgar (un libro) de (errores)
extender sobre (la hierba)
extenderse a, hasta (dos mil dólares)/ de (norte) a (sur)/ hacia (el oeste)/ en
　(digresiones)/ por (el suelo)
extralimitarse en (sus funciones)
extraer (algo) del (bolsillo)
extrañarse de (su conducta)
extraviarse a (otros temas)/ de (camino)/ en (sus opiniones)

F

facilitar (algo) a (alguien)
faltar a (alguien; la cita; la decencia; el respeto)/ en (hacer algo)/ (poco) para
　(terminar)/ por (completarse)
fallar a favor del, contra, en contra del, en favor del (acusado)
familiarizarse con (las costumbres de otro país)/ en (el uso del ordenador)
fastidiarse con, de (la conversación de alguien)
fatigarse de (andar)
favorecer a (alguien) con (algún beneficio)
favorecerse de (alguien)
felicitarse del (éxito)
fiar (algo) a (alguien)/ en (el contable)
fiarse a, de, en (un amigo)
figurar como, de (presidente)

183

fijar (algo) a, en (la pared)/ con (pegamento)
fijarse en (lo que dice)
fisgar o fisgonear en (la maleta de otro)
flojear de (las piernas)/ en (el esfuerzo)
florecer de (sabiduría)
fluctuar en (tomar decisiones)/ entre (dos posibilidades)
formar al (alumno) con (el buen ejemplo)/ en (fila)
formarse en (una disciplina, una universidad)
forrarse con (dinero)/ de (comida)
fortalecerse con (buenos argumentos)
fortificarse con (barricadas)/ contra (el enemigo)
forzar a (alguien) a (hacer algo)
fracasar como (gerente)/ en (sus esfuerzos)
franquearse a, con (alguien)
freír (a alguien) a (preguntas)/ (la comida) con, en (aceite)
frisar (una moldura) con, en (otra)/ (una persona) en (los 60 años)
frotar (una cosa) con, contra (otra)
fugarse del (país)
fundarse en (buenas razones)

G

ganar al (ajedrez)/ a (alguien) en (algo)/ (tierras) al (mar)/ con (el cambio)
gastar (mucho dinero) en (fiestas)/ (bromas) a (alguien)
girar a, hacia (la izquierda)/ (una letra) a cargo de (alguien)/ (el satélite)
    alrededor de (la tierra)/ (la puerta) sobre (sus goznes)
gloriarse de (alguna cosa)
gozar de (buena salud, muchas posesiones, etc.)
gozarse en (hacer travesuras)
grabar en (cobre)/ sobre (madera)
graduar a (alguien) de (capitán)
graduarse de (licenciado)/ en (filosofía)
granjear (la voluntad) a, de (alguien)/ para (sí)
gravar con (impuestos)/ en (mucho)
gravitar hacia (la tierra)/ sobre (algo, alguien)
guardar (las monedas) en (el bolsillo)
guardarse de (los enemigos)
guarecerse del (frío)/ en (un lugar protegido)
guarnecer (una cosa) con, de (adornos)
guasearse de (alguien)
guerrear con, contra (los invasores)
guiar a (alguien) a (la victoria)/ a través de, por (la selva)/ con (la mano)/ hacia
    (la salida)/ hasta (la puerta)
guiarse por (el ejemplo)
gustar de (algo)

H

haber de (morir)
habilitar (a uno) con (fondos)/ de (ropa)/ para (que haga algo)
habitar con (alguien)/ en (un lugar)
habituarse a (las circunstancias)
hablar a, con (alguien)/acerca de, de, sobre (algún tema)
hacer (la barba) a (alguien)/ (trabajar) a (alguien)/ a (alguien) con (dinero)/ de
    (héroe)/
(el cuerpo) al (frío)
hacerse a (la idea; un lado)/ con, de (buenos amigos)
hallarse en (la fiesta)/ con (un obstáculo)
hartar o hartarse de (comer; uvas)
hastiarse con (los estudios)/ de (todo)
helarse de (frío)
henchir (el colchón) con, de (lana)
henchirse de (orgullo)
heredar (algo) a (alguien)/ de (su abuelo)
hermanar o hermanarse (una cosa, persona) con (otra)/ entre (sí)
hervir de, en (gente, insectos)
hincarse (de rodillas)
hincharse a (correr)/ con (las alabanzas)/ de (beber)
hipar por (hacer algo divertido)
hocicar con, contra, en (alguna cosa)
holgarse con, de (alguna cosa)
hombrearse con (los mayores)
honrar (a alguien) con (la amistad)
honrarse de, en (complacer)
horrorizarse con, de (los sucesos)
huir al (campo)/ de (la ciudad)
humanarse a (hacer algo)/ con (los huérfanos)
humedecer con, en (agua)
humillarse a, ante, con (los poderosos)
hundirse en (el agua)
hurgar en (el bolsillo)
hurtar (algo) a (alguien)

I

identificar (una cosa) con (otra)
identificarse con (alguien)
igualar o igualarse a, con (otro)/ en (saberes)
imbuir (a uno) de, en (cultura)
imitar a (alguien) en (los gestos)
impeler (a uno) a (actuar)
impetrar (algo) del (gobernador)
implicarse con (alguien)/ en (cierto asunto)

imponer (una pena) al (reo)/ (dinero) en (el banco)/ (un impuesto) sobre (el tabaco)

importar (mucho) a (alguien)/ (mercancías) de (China) a, en (Europa)

importunar con (sus atenciones)

impregnar con, de, en (perfume)

impregnarse de (un olor agradable; agua)

imprimir con (tinta)/ en (el ánimo)/ sobre (papel)

impulsar a (alguien) a (hacer algo)

imputar (determinados hechos) a (los acusados)

incapacitar a (un aspirante) para (el concurso)

incautarse de (los bienes robados)

incidir en (un error)

incitar a (la rebelión)/ contra (otro)/ para (guerrear)

inclinar a (alguien) a (la virtud)

inclinarse a (la amistad)/ a favor de (algo, alguien)/ ante (el gran jefe)/ hasta (el suelo)/ por (el estudio)

incluir en (la lista)/ entre (los elegidos)

incomodarse con (alguien)

incorporar a (una persona)/ (un asunto) a, con, en (otro)

incorporarse a (filas; el trabajo, etc.)

incrustar de (joyas)/ (una cosa) en (otra)

inculcar (algo) en (su pensamiento)

inculpar de (un crimen)

incumbir (una tarea) a (una persona)

incurrir en (deudas)

indemnizar a (una persona)/ con (dinero)/ del (accidente)/ por (los daños sufridos)

independizarse de (los padres)

indigestarse con (fruta)/ de (comer demasiado)

indignarse con, contra (alguien)/ de, por (una mala acción)

indisponer a (uno) con, contra (el jefe)

inducir (a uno) a (pecar)/ en (el error)

indultar (a alguno) del (castigo)

infatuarse con (el éxito)

infectar a (una persona) con, de (una enfermedad)

infectarse de (tuberculosis)

inferir (un hecho) de, por (otro)

infestar (un pueblo) con, de (una enfermedad)

inficionar con (malos ejemplos)

infiltrar (agua) en (la tierra)/ (malos pensamientos) en (la mente de alguien)

infiltrarse en (el campo enemigo)/ entre (los enemigos)

inflamar o inflamarse de (cólera)

influir ante (el tribunal)/ con (el jefe)/ en, sobre (el resultado)

informar(a (alguno) de, sobre (alguna cosa)

informarse de, sobre (alguna cosa)

infundir (fuerzas) a (alguien)

ingeniarse con (poco)/ para (hacer, lograr algo)
ingresar en (el hospital)
inhabilitar a (alguno) para (cargos)
inhibirse de (hacer algo)
iniciar o iniciarse en (un secreto)
injerir (una rama) en (un árbol)
injerirse en (asuntos ajenos)
inmiscuirse en (un asunto)
inmolar (el honor) a (la riqueza)
inmolarse por (la patria)
inquietarse con, de, por (la salud)
inscribir o inscribirse en (algún sitio)
insertar (la carta) en (el sobre)
insinuarse a (una mujer)/ con (los poderosos)/ en (el ánimo del jefe)
insistir en (hablar)/ en, sobre (una idea, los hechos)
insolentarse con, contra (el jefe)
inspirar (ideas nuevas) a (alguien)
inspirarse en (el arte moderno)
instalar (un aparato) en (su coche)
instalarse en (su nueva casa)
instar a (alguien) a (actuar) para (que haga algo)
instigar a (alguien) a (cometer un delito)
instruir del (peligro)/ en (la virtud)/ sobre (matemáticas)
insurreccionarse contra (el gobierno)
integrar o integrarse en (un grupo)
intercalar (una frase) en (la conversación)
interceder con (alguien) en favor de, por (otro)
interesarse en, por (algo, alguien)
interferir con, en (el proceso)
interferirse en (el conflicto)
internarse en (un manicomio, un país, etc.)
interpolar (unas cosas) con, entre (otras)
interponer (una cosa) entre (otras dos)/(su autoridad) con (alguien) por (otro)
interponerse en (un conflicto)/ entre (adversarios)
interpretar del (español) al (inglés)/ en (otra lengua)
intervenir en (el reparto)/con (el juez) por (el reo)
intimar (algo) a (alguien)/ con (una amiga)
introducir o introducirse con (el presidente)/ en, por (alguna parte)
intoxicarse con (ostras)
inundar de (agua)
invernar en (un pueblo de la costa)
invertir en (bonos)
investir (a alguien) con (un título)/ de (doctor)
invitar a (cenar)
involucrar a (alguien) en (un asunto)
involucrarse en (el caso)

ir a, hacia (Madrid)/ con (su familia)/ contra (el adversario)/ de (compras; tonto)/ de, desde (un pueblo) a (otro)/ de (mal) en (peor)/ de (acá) para (allá)/ hasta (el final)/ en (tren)/ en busca de, en pos de (algo o alguien)/ para (Oviedo)/ por (leche; mal camino)/ tras (alguien)

irritarse con, contra (alguien)/por (algún motivo)

irrumpir en (la sala)

J

jactarse de (ser el mejor)

jalar para (un lugar) *(LA)*

jaspear (una pared) de (diferentes colores)

jubilar o jubilarse de (su puesto)

jugar a (las cartas; la lotería)/ con (alguien)/ contra (alguien)/ (alguna cosa) por (otra)

juntar (una cosa) a, con (otra)

justificarse ante , con (el jefe)/ de alguna acusación

juzgar a (alguien) de (alguna cosa)/ por (las apariencias)

L

laborar en beneficio de, en favor de, por (la humanidad)

ladear (el cuerpo) a, hacia (la izquierda)

ladearse a (la derecha; un partido)/ con (otro concursante)/ con (su mejor amigo) *(Cono Sur)*

lamentarse de, por (su mala suerte)

languidecer de (pena)

lanzar (piedras) al, contra (el adversario)

lanzarse al (agua)/ contra (el enemigo)/ sobre (la víctima)

largarse a (contar la historia) *(LA)*

lastimarse con (un cuchillo)/ de (la mala noticia)

leer a (un autor)/ entre (líneas)/ sobre (informática)

legar (una obra) a (la posteridad)

levantar del (suelo)/ en (brazos)/ sobre (la cabeza)

levantarse con (una cosa)/ contra (el régimen)/ de (la cama)/ en (armas)/ en (el pie izquierdo)

liar con (cuerdas)

liarse a (hostias, palos)/ con (una mujer)

liberar a (alguien) de (una obligación)

libertar al (prisionero)/ a (alguien) de (la muerte)

libertarse del (peligro)

librar a (alguien) de (una obligación)/ a cargo de, contra (un banco)

licenciarse del (ejército)/ en (letras)

lidiar con, contra (el enemigo)/ por (sus ideales)

ligar (una cosa) a, con (otra)/ con (una chica)

ligarse con (alguien)

limitar con (otra región)
limitarse a (hacer lo necesario)
lindar (un terreno) con (otro)
lisonjearse de (su triunfo)
litigar con, contra (su hermano)/ sobre (una herencia)
loar (a alguien) de, por (algo)/ (una cosa) en (alguien)
localizar (una epidemia) en (una región)
lucir o lucirse ante (el público)/ en (los estudios, una prueba)
luchar con, contra (el enemigo)/ por (salir adelante)
ludir (una cosa) con, por (otra)

LL

llamar a (la puerta)/ a (alguien) a (hacer algo)/ de (tú) a (alguien)/ por (ayuda)
llegar a (casa; saberlo; ser director)/ del (trabajo)/ en (coche)/ hasta (el
    presidente)
llegarse a (un lugar, una persona)
llenar o llenarse con, de (comida; trigo; etc.)
llevar a (un lugar)/ a (alguien) a (creer alguna cosa)
llevarse (algo) a (algún lugar)/ (bien) con (alguien)/a (uno por delante)
llover (regalos; insultos; desgracias) sobre (alguien)

M

machacar en (un asunto)
madrugar a (alguien) *(LA)*
maldecir al (enemigo)/ de (sus infortunios)
malgastar (el dinero) en (tonterías)
malinformar a (alguien) de (algo)
malquistarse con (un compañero)
maltratar a (una persona, un animal)/ de (palabra)
mamar (un vicio) con, en (la leche)
mamarse a (alguien) *(LA)*
manar (agua) de (una fuente)
mancomunarse con (otros)
manchar (la ropa) con, de (sangre)
mandar (algo) a (alguien)/ a (alguien) de (mensajero)/ a (alguien con la música a
    otra parte)/ por (dulces)/ (un paquete) por (correo)
mandarse con (alguien) *(LA)*
mangonear en (muchas cosas diferentes)
manifestarse en (politica)/ por (la ciudad)
manipular con (cuidado)/ en (la máquina)
mantener (relaciones) con (alguien)/ (algo) en (buen estado)
mantenerse con, de (fruta)/ en (forma)
maquinar contra (alguien)
maravillarse con, de (la noticia)

marcar con (hierro)

marchar o marcharse a, para (Buenos Aires)/ de (la casa)

matar a (alguien) a (disgustos; palos)

matarse a (trabajar)/ por (ganar dinero)

matizar de (rojo y amarillo)

matricularse de (oyente)/ en (la Facultad)

mediar con (alguien)/ en (una querella)/(varios años) entre (los dos sucesos)/ por
  (un amigo)

medir a, por (millas)/ con (la vista)

medirse con (alguien)/ en (sus comentarios) *(LA)*

meditar sobre (el tema)

medrar en (su posición social)

mejorar de, en (condición)

merecer (bien) de (alguien)

mermar (el jamón) en (medio kilo)

merodear por (las calles)

mesurarse en (sus juicios)

meter (un susto) a (alguien)/al (hijo) a (trabajar)/a (alguien) de (camarero)/ en
  (problemas; la caja, etc.)/

meterse a (gobernar)/ con (alguien)/ de (aprendiz) en (un oficio)/ en (casa; el
  agua; peligro, etc.)/ por (medio)

mezclar (una cosa) a, con (otra)

mezclarse a, con (la gente)/ en (varios negocios)

mirar a (la cara; hacer algo)/ hacia (el sur)/ por (sí mismo)

mirarse al (espejo)/ (bien) de (hacer algo)/ en (ello)

moderarse en (sus palabras)

mofarse de (la gente)

moler a (palos)/ con (impertinencias)

molerse a (trabajar)

molestarse en (venir)

mondarse de (risa)

montar a (caballo)/a (alguien) en, sobre (el caballo)/ en (cólera)

morar en (un castillo)

morir de (hambre, vejez, etc.)

morirse de (frío, risa, etc.)/ por (el fútbol; verla, etc.)

mosquearse de (las críticas)/ con (alguien)

motejar (a uno) de (ignorante)

motivar (el decreto) con, en (buenas razones)

mover o moverse a (piedad; hacer algo)/ de (un sitio) a (otro)

mudar a (otro sitio)/ de (color; parecer; ropa)/ (la tristeza) en (alegría)

mudarse de (casa)

multiplicar (un número) por (otro)

murmurar de (los compañeros)

N

nacer al (amor; la vida artística)/ de (buena familia; pie)/ en (un país)/ para
  (músico)
nacionalizarse en (España)
nadar en (dinero)
navegar a (quince nudos; vela)/ a, para (Canarias)/ con (buen viento)/ contra (la
  corriente)/ en (un yate)/ por (la casa)
necesitar de (ayuda)
negarse a (hacer algo)
negociar con, en (madera)
nivelar (una cosa) con (otra)
nivelarse a, con (su vecino)
nombrar al (candidato) para (presidente)
notar (a alguien) de (hablador)
nutrir o nutrirse con, de (leche fresca)

O

obedecer a (los padres)
obligar a (alguien) u obligarse a (hacer algo)
obsequiar a (alguien) con (un reloj)
obstar (una cosa) a, para (otra)
obstinarse contra (alguien)/ en (una opinión)
obtener (una cosa) de (otra; alguien)
ocultar a (alguien)/ a, de (la vista)/ con, detrás de, tras (una cortina)
ocuparse con, de, en (los negocios)
ofenderse de, por (los agravios)
ofrecerse a (hacer algo)/ de acompañante
ofrendar (la vida) a, por (la patria)
oler a (rosas)
operarse del (corazón)
olvidarse de (algo, alguien)
opinar (algo) de (alguien)/ sobre (un tema)
oponer (la razón) a (la pasión)/ (una barrera) a, contra (la nieve)
oponerse al (proyecto, hacer algo)
opositar a (cátedra)
optar a, por (un empleo)/ entre (varias alternativas)
orar a (Dios) por (los muertos)
ordenar a (alguien) a (hacer algo)/ en (columnas)/ por (materias; el apellido;
  orden alfabético)
ordenarse de (sacerdote)
orientar u orientarse a, hacia (el este)/ por (las estrellas)

P

pactar con (el enemigo)/ entre (sí)

padecer de, en, por (la injusticia)

pagar a (los obreros)/ por (una cosa; un amigo)

parapetarse tras (una serie de pretextos)

parar a (mis pies)/ con (alguien) *(LA)* / de (llover, quejarse, etc.)/ en (casa; este hotel, etc.)

pararse a (descansar)/ en (algo)

parecerse a (su padre)

participar de (una cualidad)/ en (la empresa)

particularizarse con (alguien)

partir (la cabeza) a (alguien)/ a, hacia, para (Nueva York)/ de (Portugal)/ en (trozos)/ por (la mitad)

partirse de (risa)/ en (dos)

pasar a (una persona; otro lugar)/ ante (el juez)/ de (moda)// (no pasa) de (ser un error)/ de (un lugar) a (otro) / en (silencio)/ (el té) por (un colador)/ por (ti)/ por (médico, sabio, etc.)

pasarse al (enemigo/ con (poco)/ de (listo)/ en (mostrar agradecimiento)/ por (casa)/ sin (dinero)

pasear en (barco)/ por (el parque)

pasearse en (coche)/ por (un tema)

pasmarse de (frío; lo que sucede)

pavonearse con, de (su triunfo)

pecar contra (la ley)/ de (generoso)/ en (alguna cosa)/ por (exceso de confianza)

pechar a (alguien) *(LA)* / con (un trabajo)

pedir (algo) a (alguien)/ a (una joven)/ a (alguien) en (justicia)/ para (otra persona)/ por (Dios).

pegar (una silla) a, contra (la pared)/ (algo) con (cola) en (la pared)/ con (tu ropa)/ (el sol) en (la ventana)

pelárselas por (algo)

pelear contra (la adversidad)/ por (la familia)

pelearse (uno) con (otro)/ por (la herencia)

peligrar de (muerte)

penar de (amores)/ por (los hijos)

pender de (un hilo)/ en (un gancho)/ (la amenaza) sobre (nuestras vidas)

penetrar a (un cuarto) *(LA)* / en (un cuarto, el mar)/ entre (las columnas)/ hacia, hasta (el corazón)/ por (la parte más espesa)

penetrarse de (razón)

pensar (algo) de (alguien)/con (los pies)/ en (el novio)/ entre, para (sí)/ sobre (el tema)

percatarse de (la situación)

perder al (ajedrez)/ de (vista)/ en (el juego)

perderse de (vista)/ en (el bosque)/ entre (la maleza)

perecer de (sed)

perecerse de (risa, envidia)/ por (una mujer; verte)

perfilarse en (la pared)
permanecer con (su madre)/ en (Toledo)
permutar (un objeto) con, por (otro)
perpetuar (su fama) en (la posteridad)
perseverar en (el estudio)
persistir en (una idea)
personarse ante (la policía)/ en (la comisaría)
persuadir a (alguien) a (hacer algo)/ de (los hechos)
persuadirse de (algo)
pertenecer a (un grupo)
pertrecharse con, de (lo necesario)
piar por (la comida)
picar en (muchas actividades)
picarse con (algo, alguien)/ de (puntual)
pintar al (óleo)/ de (rojo)
pirrarse por (la música)
pitorrearse de (alguien)
plagarse de (mosquitos)
plantar a (alguien) en (la calle)
plantarse en (Cádiz)
plantificarse en (la puerta)
plasmarse en (una forma escultórica)
pleitear con, contra (alguien)/ sobre (un asunto de contienda)
poblar con, de (pinos)
poblarse de (gente)
poder con (la maleta)
poner a (la lotería)/ a (alguien) a (trabajar)/ ante (los hechos)/ de (sirvienta)/ (A) con
    (B)/ contra (la pared)/ (cinco horas) de (París) a (Bruselas)/ (algo) en (duda)/ a
    (alguien) entre (la espada y la pared)/ por (las nubes)/ (las cartas) sobre (la mesa)
ponerse a (escribir)/ al (teléfono)/ a (bien) con (alguien)/ de (muestra)/ en
    (guardia)/ por (medio)
porfiar con (alguien)/ en (algo)/ por (lograr algo)/ sobre (algo)
portarse (bien) con (alguien)
posar ante (la cámara)/ para (el pintor)/en, sobre (la mesa)
posarse en (una rama)
posesionarse de (la herencia)
posponer (el interés propio) al (interés general)
postrarse a (los pies de alguien)/ ante (el altar)/ de (dolor)
precaverse contra (la enfermedad)/ del (calor)
preceder a (algo, alguien)
preciarse de (inteligente)
precipitarse a (hacer algo)/al (vacio)/ del , desde (el balcón)/ hacia (un sitio)/
    sobre (alguien)
precisar de (algo)
predestinar a (alguien) a, para (alguna función, vocación)

predisponer a (alguien) a (hacer algo)/ a favor de, contra, en contra de, en favor de (algo o alguien)

predominar (una cosa) a, sobre (otra)

preguntar a (alguien)/ por (algo, alguien)

prendarse de (una mujer)

prender (una cosa) a (otra)/ con (alfileres)/ en (la tierra)

preocuparse con, de, por (algo)

preparar a (alguien) para (la prueba)

prepararse a, para (hacer algo)/ con (argumentos)/ contra (toda eventualidad)

preponderar (una cosa) sobre (otra)

prescindir de (algo; alguien)

presentar a (alguien) a (otra persona)

presentarse a (la policía)/a, para (un examen, hacer algo)/ de (candidato)/ por (un partido)/ en (la sociedad)

preservar o preservarse contra (el peligro)/ de (la enfermedad)

prestar (algo) a (alguien)/ (la dieta) para (la salud)

prestarse a (hacer algo; varias interpretaciones)/ de (algo)

presumir de (rico)/ con (la gente)

presupuestar (los gastos) en (determinada cantidad)

prevalecer entre (los presentes)/ sobre (la injusticia)

prevalerse de (ventajas)

prevenir contra (el mal)/ a (alguien) de (un peligro)/ en contra de, en favor de (alguien)

prevenirse contra (el peligro)/ de, con (lo necesario)/ para (un viaje)

principiar a (hacer algo)/ con, por (tales palabras)

pringar (el pan) en (la sopa)/ a (alguien) en (un asunto)

pringarse con, de (aceite)

privar a (alguien) de (lo suyo)/ entre (la gente)

privarse de (lujos)

probar a (hacer algo)/ de (todo)

proceder a (hacer algo)/ contra (los responsables del fraude)/ de (cierta región)

procurar (un puesto) a, para (un amigo)

profundizar en (un tema)

progresar en (el trabajo)

prohibir (algo) a (alguien)

prolongar (un plazo) al (deudor)

prometer (algo) a (alguien)

prometerse con (alguien)

promover a (Juan) a (director)/ para (gobernador)

pronunciarse en favor de, por (alguien)

propagar (una noticia) en, entre (el puebio)/ por (la región)

propagarse (el incendio) al (piso superior)

propasarse a (murmurar)/ en (la amistad)

propender a (la depresión)

proponer (algo) a (alguien)/a (alguien) para (secretaria); por (árbitro)

proporcionar (interés) a (la historia); (un puesto) a (alguien)
prorratear (los beneficios) entre (los acreedores)
prorrogar por (un mes)
prorrumpir en (llanto)
proseguir con, en (la tarea)
prosternarse a (alguien, pedir algo)/ ante (el altar)/ en (tierra)
prostituir (el ingenio) al (oro)
proteger a (alguien) contra, de (los males)
protegerse contra, del (frío)
protestar contra (la injusticia)/ de (su inocencia)/ por (esas palabras)
proveer a (las necesidades de alguien)
proveerse de (víveres)
provenir de (buena familia)
provocar a (alguien) a (risa)
proyectar (una imagen) en, sobre (la pantalla)
pudrirse de (aburrimiento)
pugnar con, contra (el vicio)/ por (la paz)
pujar en, sobre (el precio)/ para (hacer algo)/ por (algo)
purgarse de (la culpa)
purificarse de (sus pecados)

Q

quebrar con (un amigo)
quedar a (deber)/ con (alguien)/ de (hacer algo) *(LA)*/ en (algo, hacer algo)/
    (algo) por (hacer)
quedarse con (algo)/ de (brazos cruzados; pie)/ en (cama)
quejarse de (alguien)
quemarse con (el fuego)
querellarse ante (el juez)/ contra, de (su socio)
quitar (algo) a (alguien)/ de (hacer algo)/ de (delante; en medio)/ (eso no quita)
    para (que me ayudes)
quitarse de (enredos; la vista de alguien)/ (algo) de (encima)

R

rabiar contra (el jefe)/ por (quedar bien)
radicar en (un lugar)/(la dificultad) en (la falta de recursos)
radicarse en (un lugar)
ratificarse en (lo dicho)
rayar con (la frontera)/ en (la locura)
razonar con (alguien) sobre (una materia)
rebajar a (cien dólares)/ (una salsa) con (agua)
rebajarse a (pedir disculpas)/ ante (el público)
rebasar del (límite)
rebatir (una razón) con (buenos argumentos)/ (una cantidad) de (otra)
rebelarse contra (los mayores)

rebosar de (alegría)/ en (dinero)
rebotar (la pelota) en (la pared)
recabar (datos) con, de (los informantes)
recaer (las sospechas) en, sobre (el conserje)
recapacitar sobre (su vida)
recargar al (alumno) de (deberes)
recatarse de (la gente)
recelar o recelarse del (adversario)
recetar (una medicina) al (enfermo) contra (la tos)
recibir a (alguien)/ (algo) de (alguien)
recibirse de (doctor) *(LA)*
reclamar a (alguien) ante (los tribunales)/ contra (un pariente)/ para (sí)
reclinar (la cabeza) contra, en (la pared)/ sobre (el respaldo)
reclinarse contra, en (la pared)/ sobre (el respaldo)
recobrarse de (la enfermedad)
recoger a (alguien) en (un lugar)
recogerse a (casa)/ en (sí mismo)
recompensar a (alguien)/ con (un beneficio)/ de, por (su esfuerzo)
reconcentrar (la atención) en (la tarea)
reconcentrarse (el odio) en (el corazón)
reconciliar o reconciliarse con (alguien)
reconocer a (alguien) por (alguna razón, característica)/ (algo) ante (el público)
reconvenir (a alguien) por, sobre (algo)
reconvertir en (efectivo)
recorrer (España) de (un extremo) al (otro)/ desde (un extremo) hasta (el otro)
recostarse contra (la pared)/ en, sobre (la cama)
recrearse con (la pintura)
recubrir (el suelo) con, de (flores)
recurrir a (un amigo)/ contra, de (la sentencia)
reducir (la casa) a (escombros)/ (algo) en (otra cosa)
reducirse a (lo estrictamente necesario)/ en (los gastos)
redundar en (beneficio de alguien)
reemplazar a (una persona) con, por (otra)
reencarnarse en (animal)
referirse a (un libro)
reflejar (la luz) en, sobre (un plano)
reflexionar sobre (el asunto)
refocilarse con (algo)
refregar (algo) a (alguien) *(LA)*
refregarse contra (la pared) *(LA)*
refugiarse bajo (techo)/ contra (los tiros)/ en (otro país)
refutar (una teoría) con (hechos)
regalar (algo) a (alguien)
regalarse con (buenas comidas)
regar (un plato) con (vino)
regirse por (las normas de la sociedad)

regocijarse con, de, por (la noticia)
regodearse con, en (las desgracias ajenas)
regresar de (un lugar) a (otro)
rehabilitar a (alguien) en (su puesto)
rehogar (la carne) con, en (aceite)
reinar en (un lugar)/ (el miedo) entre (la gente)
reincidir en (un vicio)
reincorporar a (alguien) o reincorporarse al (trabajo)
reintegrar a (su puesto)/ de, en (sus gastos)
reintegrarse de (lo suyo)
reírse con (alguien)/ de (otra persona)
relacionarse con (otros)/ entre (sí)
relamerse con (algo)/ de (placer)
relevar a (uno) de (sus funciones)
rellenar (el armario) de, con (ropa)
rellenarse de (patatas fritas)
rematar (algo) a (alguien) en (determinado precio)/con (un chiste)/ en (punta;
    tragedia, etc.) *(LA)*
remirarse en (hacer algo) *(LA)*
remitirse a (la fuente)
remontarse al, hasta (el origen)/ sobre (los demás)
remover de (su puesto)
renacer a (la vida)
rendirse a (la evidencia)
renegar de (sus colegas)
renunciar a (hacer algo)
reñir a, con (alguien) por (algo)
reparar (perjuicios) con (favores)/ en (una cosa)
repararse del (daño)
repartir (las hojas, las tareas) a, entre (los presentes)
repercutir (la situación económica) en (los precios)
reprimirse de (hablar)
reprochar a (alguien) por (*optativo*) (sus actos)
reputar a (alguien) de (sabio)/ (la honra) en (mucho)
requerir de (amores)/ de (mucha atención) *(LA)*
resaltar (un color) de (otro)
resarcir a (alguien) o resarcirse de (una pérdida)
resbalar en, sobre (el hielo)
rescatar (algo) al (olvido)/ (la plaza) del (enemigo)
resentirse con, de, por (algo)
reservar (algo) para (sí)
reservarse para (el final)
resfriarse con (alguien)/ en (la amistad) *(LA)*
resguardarse de (los tiros)
residir en (la ciudad)
resignarse a (su suerte)

resistir a (la violencia)
resistirse a (creerlo)
resolverse a (partir)/ por (una de las opciones)
resonar (la ciudad) de (cánticos de gozo)
respaldarse contra (el barandal)/ en (la silla)
resplandecer al, con (el sol)/ de (felicidad)
responder a (la pregunta; una descripción)/ al (tratamiento)/ de (lo que puede
     pasar)
responsabilizar a (alguien) de (los problemas)
responsabilizarse del (atentado)
restar (autoridad) a (alguien)/ (una cantidad) de (otra)/ (tiempo) para (hacerlo)
restituir a (alguien) al (puesto)
restituirse al (grupo)
restregar (una cosa) contra (otra)
resucitar a (la vida)
resultar (una cosa) de (otra)/ (la compra) en (cien pesos)
resumir o resumirse (el conflicto) en (dos o tres puntos de desacuerdo)
resurgir de (la derrota)
retar a (alguien)/ (algo) a (alguien) *(LA)*
retener en (la memoria)
retirar (tierras) de (la producción)
retirarse a (su casa)/ de (la circulación)
retorcerse de (dolor)
retornar a (casa)/ (algo) a (su lugar)/ del (extranjero)
retractarse de (la declaración)
retraerse a (algún sitio)/ de (alguna actividad)
retrasarse en (los pagos)
reunir (una cosa) o a (una persona) con (otra)
reunirse con (amigos)
reventar de (risa)/ por (hacer algo)
revertir a (su estado original)/ en (su beneficio)
revestir o revestirse con, de (facultades)
revolcarse en (el barro; la tumba, etc.)
revolver en (los bolsillos)/ (algo) en (la cabeza)
revolverse al, contra, sobre (el enemigo)
rezar a (Dios)/ por (los difuntos)
rimar (un verso) con (otro)/ en (verso)
rivalizar con (el otro equipo)/ en (habilidad)
rodar por (la escalera)
rodear (una ciudad) con, de (murallas)
rogar a (Dios) por (los pecadores)
romper a (llorar)/ con (alguien)/ en (llanto)
rozar a (alguien)/ con, en (la pared)
rozarse con (alguien)/ en (un sonido)

S

saber a (leche)/ de (música clásica)

sacar a (la luz)/ (algo) a (alguien)/ (algo) de (un lugar)/ (un trabajo) en (limpio); (algo) en (consecuencia)

saciar a (alguien) de (manjares)

saciarse con (poco)/ de (bebida)

sacrificar (su salud) a (la necesidad de trabajar)/ (un animal) para (carne)

sacrificarse a (no gastar)/ por (la patria)

sacudir (los nervios; dinero) a (uno)/ (algo) de (sí)/ a (su amigo) de (su depresión)

sacudirse de (importunos)

salir a (la calle)/ de (Colombia)/ en (los periódicos)/ para (Cuba)

salirse con (la suya)/ de (la vía; un compromiso)

salpicar con, de (aceite)

salvar a (alguien) del (peligro)

sanar a (alguien) de (su enfermedad)

satisfacer a (alguien)/ con (la condena)/ por (las culpas)

satisfacerse con (algo)/ de (la deuda)

saturarse de (ciencia)

secundar a (alguien) en (sus proyectos)

segregar (una cosa) de (otra)

seguir con, en (la misma empresa)/ (algo) de (cerca)/ (una cosa) de (otra)/ en (su error)/ para (Barcelona)

seguirse (una cosa) de (otra)

sembrar (el camino) con, de (flores)

semejar o semejarse (una cosa) a (otra)/ en (cierta característica)

sentarse a (comer; la mesa, etc.)

sentenciar a (una pena)/ por (crimen)

sentirse con (alguien)/ de (un comentario; un dolor; una enfermedad)

señalar (algo) con (el dedo)

señalarse por (sus cualidades)

señorearse de (la ciudad)

separar (una cosa) de (otra)

ser de (Alemania; metal, etc.)/ para (mí)

servir al (amo)/ (la cena) a (los invitados)/ de (pretexto; guía, etc.)/ para (algo)

servirse de (la amistad)

simpatizar con (alguien)

simultanear (una cosa) con (otra)

sincronizar (el sonido) con (las imágenes)

singularizarse con (alguien)/ por (su ropa)

sitiar por (tierra y mar)

situar (algo) o situarse en (alguna parte)/ entre (dos edificios)

sobrenadar (el petróleo) en (el mar)

sobrepasar (el gasto) al, del (presupuesto)/ a (alguien) en (estatura)

sobreponerse a (sus sentimientos)

sobrepujar a (otra persona) en (talento; una subasta)

sobresalir (una piedra) del (suelo)/ en (méritos)/ entre (sus compañeros)/ por (su inteligencia)
sobresaltarse con, de, por (la noticia)
sobreseer del (pleito)
sobrevivir a (su esposa)
socorrer con (provisiones)/ de (víveres)
solazarse con (fiestas)
solicitar (algo) a, de (alguien)/ para, por (su familia)
soltar o soltarse (un niño) a (andar)/ con (una tontería)/ de (la mano)
someter (algo) a (la aprobación del comité)/ (una sustancia) a (un proceso químico)
someterse a (la autoridad; un tratamiento)
sonreír a (alguien)/ de (un chiste)
soñar a (hacer algo) *(LA)* / con (las vacaciones)/ en (un mundo feliz)
sospechar de (alguien)
subdividir en (partes)
subir a, hasta (la torre)/ por (la escalera)/ sobre (la mesa)
subordinar (las pasiones) a (la razón)
subrogar (una cosa) con, por (otra)
subscribir a (alguien) a (algo)
subsistir con (el dinero ajeno)
substituir a, por (alguien, algo)
substraerse a (la tentación)
subvenir a (las necesidades)
suceder (algo) a, con (alguien)/ a (alguien) en (un puesto)
sucumbir a (la tentación)/ ante (el enemigo)
sufrir (algo) de (alguien)/ de (un mal)
sujetar (algo; alguien) a (otra cosa o persona)
sujetarse a (las normas)
sumarse a (la manifestación)
sumergirse bajo, en (el agua)
sumir a (alguien) o sumirse en (la tristeza; el estudio, etc.)
supeditar (los gastos) a (los ingresos)
superar a (toda imaginación)/ a (alguien) en (una actividad o cualidad)
superponer (una cosa) a (otra)
suplicar al (tribunal)/ de (la sentencia)/ por (el acusado)
suplir (una cosa) a, con, por (otra)/ en (el puesto)
surgir de (la tierra)/ en (el bosque)
surtir a (alguien) de (provisiones)
suscribir a (alguien) a (algo)
suspender de (una cuerda)/ en (varias asignaturas)/ hasta (más tarde)/ por (los pies)
suspirar de (amor)/ por (el poder)
sustentarse con (frutas)/ de (esperanzas)
sustituir a, por (alguien, algo)
sustraerse a (la tentación)

T

tachar a (alguien) de (incapaz)/ por (su comportamiento)

tachonar de, con (estrellas)

tapar (una cosa) con (otra)

tapizar con, de (tela nueva)

tardar en (llegar)

tarifar con (el director)

temblar con (el susto)/ de (frío)/ por (las consecuencias)

temer a (alguien)/ por (su familia)

templarse en (alguna actividad)

tender a (hacer algo; la luz, etc.)

tenderse en, sobre (la cama)/ por (el suelo)

tener a (alguien) en (más estima)/ a (alguien) por (informal)/ (algo) entre (manos)/ para (sí)/ (algo) que (hacer)

tenerse a (su trabajo)/ de, en (pie)/ por (muy listo)

tentar a (uno) a (fumar)/ con (un cigarro)

teñir con, de, en (rosa)

terciar con (el jefe)/ en (la disputa)/ entre (dos rivales)

terminar de (hacer algo)/ en (punta)/ por (aceptar algo)

testificar de (algo)

testimoniar con (alguien)/ sobre (el delito)

timarse con (alguien)

tirar (un mordisco) a (alguien)/ a (la derecha; cuidadoso, etc.)/ contra (el enemigo)

de (la sábana)/ hacia (la izquierda)/ para (Madrid)/ sobre (la liebre)

tirarse al (suelo)/ en (la cama)/ por (la ventana)/ sobre (la víctima)

titubear en (la decisión)

titularse de (doctor)

tocar a (misa; uno)/ en (el puerto)

tomar a (broma; la derecha, etc.)/ bajo (su protección)/ a (alguien) por (tonto)

tomarse por (genio)

topar con, contra, en (el muro)

torcer a, hacia (la izquierda)

tornar a (hacer algo)/ (la defensa) en (acusación)/ en (sí)

tornarse contra, hacia (alguien)

tostarse al (sol)

trabajar a (destajo; domicilio, etc.)/ de (obrero)/ en (esa materia)/ para (el gobierno)/ por (distinguirse)

trabar (una cosa) con, de, en (otra)

trabarse con, de, en (palabras)

traducir al, en (francés)/ del (inglés)

traer a (mal) a (alguien)/ de (cabeza) a (alguien)/ entre (manos)

traficar con (armas)/ en (drogas)

transbordar de (un barco) a (otro)

transferir (algo) a (alguien)/ (algo) de (una parte) a (otra)

transfigurarse en (otro)
transformar o transformarse (una cosa) en (otra)
transigir con (la demanda popular)/ en (hacer algo)
transitar por (esa calle)
transmutar (una cosa) en (otra)
transportar a (lomos)/ de (una parte) a (otra)/ en (camión)
transportarse de (gozo)
trasegar (el vino) de (una cuba) a (otra)
trasladar (su pensamiento) al (papel)
traspasar (la herencia) a (los pobres)/ a (alguien) con (la espada)
trasplantar de (una parte) a (otra)
tratar a (los vecinos)/ acerca de (un problema)/ con (alguien, algo)/ a (alguien)
   de (tonto)/ sobre (un problema)
trepar a (un árbol)/ por (la muralla)
triunfar de, sobre (el enemigo)/ en (un concurso)
trocar (una cosa) con, en, por (otra)
tronar con (alguien) *(LA)* / contra (el vicio)
tropezar con, contra, en (el muro)

U

ufanarse con, del (triunfo)
uncir (la yunta) al (carro)/ (vaca) con (buey)
unir (una cosa) a, con (otra)
unirse a, con (los compañeros)/ en (matrimonio)/ entre (todos)
untar al (funcionario)/ con, de (grasa)
usar de (malas artes)

V

vacar a, en (sus quehaceres)/ de (misterio)
vaciar (la leche) en (un vaso)/ sobre (su cabeza)
vaciarse de (agua)
vacilar con (alguien)/ en (la elección)/ entre (una solución u otra)
vagar por (las calles)
valer (una cosa) a (sesenta pesos la unidad)/ para (soldado)/ por (dos)
valerse de (alguien; algo)
vanagloriarse de (su familia)
varar o vararse en (la arena)
variar de (opinión)/ en (tamaño)
velar al (muerto)/ por (el bien público)
vencer al (enemigo) en (la batalla)
vender (algo) a (alguien)/ al (por menor)/ en, por (cierta cantidad)
venderse a (alguien)
vengarse de (una ofensa)
venir o venirse a (casa, dar, ser, etc.)/ (el enemigo) contra (nosotros)/ de, desde
(muy lejos)/ (una desgracia) sobre (alguien)

ver de (hacer algo)
verse con (alguien)
veranear en (el sur de Francia)
verter (la leche) en (una cacerola)/ (el vino) sobre (el mantel)
vestir o vestirse de (negro, sport, etc.)
viajar a (caballo)/ en (tren)/ por (Austria)
viciarse con el, del (trato de alguien)
vigilar por, sobre (su hija)
vincular (su suerte) a (la de otra persona)
vindicar o vindicarse de (la acusación)
violentarse a (responder)
virar a, hacia (la derecha)/ en (redondo)
vivir de (rentas)/ para (ver)
voltear a (alguien; hacer algo)/ con (alguien) *(LA)*
volver a (casa; hacer algo, etc.)/ (algo) a (su lugar; estado original)/ del (trabajo)/
    en (sí)/ para (el pueblo)/ sobre (sus pasos)
votar a, por (la candidata)

Y

yacer con (la amante)/ en (el suelo)

Z

zafarse de (la pregunta; responder)
zambullir o zambullirse en (el agua)
zamparse en (la casa)
zampuzar o zampuzarse en (el agua)
zarpar del (puerto)

Índice de verbos

Index des verbes **Verb index**

t = *transitivo*
i = *intransitivo*
p.irr = *participio irregular*
sr = *semirregular*
irr = *irregular*
aux = *auxiliar*
def = *defectivo*

**Números en negrita =
conjugaciones de la lista
(p.33)
Numéros en caractères gras
= conjugaisons de la liste
(p. 33)
Numbers in bold = list of
conjugations (p.33)**

**p. = número de página/numéro de
page/page number.**

Cuando aparte de la forma simple del
verbo existe una forma pronominal, ésta
se indica entre paréntesis: **(se)**. Sólo se
indican los casos frecuentes o notables.
La indicación de (in)transitividad (i,t) se
aplica al verbo simple.

Quand le verbe a, en plus de la forme
simple, une forme pronominale, celle-ci
est indiquée entre parenthèses : **(se)**,
mais seulement dans les cas ou la forme
pronominale est fréquente ou notable.
L'(in)transitivité signalée (i,t) dans ces
cas s'applique à la forme simple.

When verbs have reflexive as well as
simple forms, they are indicated in
brackets: **(se)**, but only when they are
frequent or notable. The indications of
(in)transitivity in such cases apply to the
simple (non-reflexive) verb.

A

B

C

LL

M

P

pacer (i, s r) **34**, p.105
pacificar (t) **16**
pactar (i, t) **4**
padecer (i, t, sr) **36**
pagar (t) **17**
paginar (t) **4**
pajarear (i, t) **4**
palabrear (t) **4**
paladear (t) **4**
palatalizar (t) **19**
paliar (t) **9**
palidecer (i, sr) **36**
palmar (i) **4**
palmear (i) **4**
palpar (t) **4**
palpitar (i) **4**
pandear(se) (i) **4**
papar (t) **4**
papelear (i) **4**
paramar(i) **4**, p.150
paramear (i) **4**, p.150
parangonar (t) **4**
parapetarse (i) **4**
parar (t) **4**
parcelar (t) **4**
parchar (t) **4**
parear (t) **4**
parecer (i, sr) **34**, p.150
parir (t) **6**
parlar (i) **4**
parodiar (t) **9**
parpadear (t) **4**
parquear (t) **4**
participar (i) **4**
particularizar (t) **19**
partir (i, t) **6**
pasar (i, t) **4**, p.150
pasear(se) (i) **4**
pasmar (t) **4**
pasteurizar (t) **19**
pastorear (t) **4**
patalear (t) **4**
patear (t) **4**

patentar (t) **4**
patentizar (t) **19**
patinar (i) **4**
patrocinar (t) **4**
patrullar (i, t) **4**
pautar (t) **4**
pavear (i) **4**
pavonearse (i) **4**
payar (i) **4**
pecar (i) . . . . **16**, p. 74
pechar (i, t) **4**
pedalear (i) **4**
pedir (t, sr) **31**
pegar (i, t) **17**
peinar(se) (t) **4**
pelar (t) **4**
pelear (i, t) **4**
peligrar (i) **4**
penalizar (t) **19**
penar (t) **4**
pender (i) **5**
penetrar (t) **4**
penitenciar (t) **9**
pensar (t, sr) **26**
pepenar (t) **4**
percatarse (i) **4**
percibir (t) **6**
percudir (t) **6**
percutir (t) **6**
perder (t, sr) . . . . **26**, p. 92
perdonar (t) **4**
perdurar (i) **4**
perecer (i, sr) **34**
peregrinar (i) **4**
perfeccionar (t) **4**
perfilar (t) **4**
perforar (t) **4**
perfumar (t) **4**
peritar (i) **4**
perjurar (i) **4**
permanecer (i, sr) **34**
permitir (t) **6**
permutar (t) **4**
pernear (i) **4**
pernoctar (i) **4**
perorar (i) **4**

S

U

Indice de verbos

AGMV
MARQUIS
Québec, Canada
1999